你的美好，不該由世界來定義

別再處處遷就別人，為自己的人生路著想

憶雲，張超◎著

目錄

目錄

第四章　想法再好，還得做得好

目錄

第六章 「三寸之舌」，贏得人心

目錄

第九章　改變習慣，創造人生

目錄

前言

朋友，不知道你在生活中是否聽身邊的人說過「做人難」、「辦事難」這樣的話。其實，他們之所以有這種說法，是因為在目前的生活狀態之下，沒有找到好的思路和方法，事情自然就順利解決，接著就會情緒低落，有些人甚至怨天怨地。於是，這樣的惡性循環就逐漸形成了。長期下來，心裡就充滿了陰影，對自己的生活可能失去希望。這是很可怕的。

人生在世，誰能事事順意，誰能順風順水？這顯然不可能。有些人遇到了困難，能坦然面對，能從中認真思考，整理好自己的思路，就找到了自己的出口；而有些人則因為沒有信心，遇到困難不敢前進，只是一味地逃避或抱怨，這對解決問題又有什麼幫助呢？這樣的人永遠成不了大器，並且最終被無情的現實所擊敗。

當今社會充滿了競爭。適者生存，不適者淘汰。我們要學會去適應身

前言

邊的環境，去適應這個社會，而不是讓社會來適應我們。面對生活，首先要拿出自己的信心和勇氣。缺少一份信心，就會缺少一份動力，又怎麼和他人競爭？所以，我們不論做什麼事，都要有信心。信心是自己奮鬥和上進的動力，在它的驅使下，我們才能在人生的旅途中不斷向前。

俗話說「凡事三思而後行」，這就告訴我們，想要取得成功，就不可操之過急，一心渴望執行，卻忽略了行動前的思考和決策。在遇到事情的時候，我們應該先認真分析一下事情的緣由，將來龍去脈分析清楚，才能知道自己該做出什麼選擇。只有經過全面的思考，才能選對思路，擁有一個良好的開始。這對我們來說，是基礎，是根源。基礎做不好，往後建立起的豐功偉業也必定搖搖欲墜。而不少人之所以無法把事情處理妥當，在為人處世中遭遇一次次失敗，原因就是操之過急，總想著早一步行動就能得到收穫。殊不知自己就像無頭蒼蠅，把自己撞個頭破血流，卻得不到任何想要的結果。俗話說「工欲善其事，必先利其器」，行動前的思考並不是浪費時間，反而節省了時間。我們可以這樣想，倘若自己遇到事情就立刻去做，結果在中途發現，按照自己的方式根本行不通。擔心緊張和顧慮，各種負面情緒一湧而上，假如從頭再來，多不划算？所以，如果思路選不對，還想成功，這怎麼可能呢？

本書教導人們在日常生活中如何為人處世，如何合理辦事等多方面的技巧。具體從尋找方向、心態、行動、人脈、金錢、家庭生活、習慣等方面來闡述做人的道理。全書共分九章，由為人處世的思路開始，到各種方法技巧，內容精彩紛呈，集可讀性、實用性、趣味性為一體，實為我們生活的得力助手。一冊在手，縱覽各種積極人生，造就良好心態，學會實用技巧，讓我們不再覺得「做人難」、「辦事難」。希望本書能為正在閱讀的你帶來好的消息！

前言

第一章　改變思路，尋出口

有創意就有機會，創新者總會贏

在美國，各種速食店隨處可見，比如麥當勞、肯德基等，這些速食界龍頭早已占領了大部分的餐飲市場，幾乎沒留下什麼空間。可是，有一個名叫凱立．里布曼和傑克．里巴克的年輕人新開的漢堡店，卻依然在速食市場的夾縫中生存下來，並且大受歡迎。

業內不少人士猜測，這兩人在餐點中增加了新口味，或是烘焙的方式有出色的特點，再或是他們有一套新穎的促銷方法……然而事實上，答案很簡單。凱立和傑克的產品並沒有什麼太大的變化，他們一起販售的是一款叫做「迷你漢堡」的漢堡，最大的不同就是體積比其他店的漢堡縮小一些。

在創業之前，凱立和傑克曾在一家廣告公司負責市場調查的工作。在他們看來，任何競爭激烈的行業，都有機會讓下一個企業發光發熱，而關鍵要看自己是否有好的創意。透過調查，他們發現速食業界有這樣一個現象：那就是許多速食店都會爭相販售體積較大的漢堡，以此招攬顧客，卻也因為這樣，忽略了肥胖的問題。在現代社會，不少人開始在控制飲食，而正在減肥的人們一般只能食用小部分的漢堡，卻要付整個漢堡的錢，以此遭來抱怨。

掌握了這樣的情況後，凱立和傑克的「迷你漢堡」便誕生了。這樣一來，顧客就可以各取所需，因此在美國大行其道。現在，迷你漢堡發展非常迅速，已經在全美擁有了多家連鎖店。

由上面的事例我們可以看出，成功並不需要太大的資本，也不需要花費太大的力氣，成功需要的是創意。只要我們能動一動腦筋，發揮出自己的創意，創造出市場需要的產品，每個人都能搭上邁向成功的順風車。

一位哲人曾經說過：「創新是力量、自由及幸福的源泉。」英國著名哲學家羅素把創新看作是「快樂的生活」，他認為創新是「一種根本的快樂」。從這些論述中，我們可以看出創新是獲得新幸福的源泉，是成功的源動力。

所以說，任何成功都需要創意。當許多人面臨同樣的競爭市場，擁有同樣的勇氣和同樣的資歷時，成功往往就會降臨在那些有創意的人身上。從許多成功人士的事蹟中，看看他們的第一步，我們就會發現其實財富距離我們並不遙遠，只是還在我們的大腦中沉睡，沒有被發掘出來而已。如果創意無限，那麼財富就無限！

當年，艾森豪斯曾是一名技術精湛的棒球運動員，當他結束了自己的棒球生涯後，先後換了好幾個工作都感覺不滿意。這讓他一度情緒低落。直到有一天，他整理家裡的東西時，發現了一些印有自己大頭貼照的口香糖包裝紙，於是，當年的那一幕幕畫面湧上了心頭。

當初，艾森豪斯剛加入一支球隊，作為這支球隊的新隊員，他首次出賽，心情很激動。可是認識他的左鄰右舍都不相信，認為艾森豪斯只是隨口說說，這讓艾森豪斯的心裡很不是滋味。正好，當時有一家口香糖製造商為了擴大產品的銷量，希望將職業棒球選手的大頭貼照印在口香糖的包裝紙上，以得到比賽場地的推銷。艾森豪斯看到後十分歡喜，他決定利用這些口香糖的包裝紙，向認識的人證明了自己。

然而當他剛得到一個計畫，下一秒靈感卻又突然頓現。艾森豪斯心想，或是他自己也來效仿這個做法呢？他可以在生日、婚禮或者其他隆重的宴會上，將口香糖的外包裝紙印上典禮主人的大頭貼照，發送給賓客們，不但能增添喜慶氣氛，而且非常具有紀念意義。

有了這個想法，艾森豪斯決定立即行動。他開始經營口香糖。結果訂貨的人絡繹不絕。五十枚一盒的口香糖定價二十二點九美元，如此昂貴的價格，客戶們皆欣然接受。於是靠著這個創意，艾森豪斯的生意日漸興隆。當年的營業額就高達百萬美元。如今，艾森豪斯的口香糖，已經在當地擁有百分之八十以上的市場占有率。

可見，要想抓住商機，就要有自己的創意，要抓住顧客的需求，甚至包括他們潛意識裡的需求和精神上的需求等。倘若我們能從人的內心世界挖掘出新的東西，那麼成功也就接近了。

創意是思考的結晶，只有我們將其運用到現實中才有價值，才會創造出財富。每一粒飽滿的樹種都能生根發芽，可是最終能長成大樹的寥寥可數。許多種子長成樹苗的過程中，因經不住外界環境的考驗，狂風、乾旱、火災等都能讓這些種子走向殞落。創意也一樣，許多創意都十分脆弱，只要一不注意，創意很有可能就被現實社會的環境所破壞。所以，從創意萌芽，直到成功應用於現實生活，都得經過實踐。

朋友，我們可以利用下面的這些方法來管理和發展自己的創意，從而真正發揮創意的作用：

一，靈感突發，隨時記錄。事實上，我們的大腦每天都會產生許多新點子，但因為缺少即時的記錄而消失不見。為了避免這種狀況，我們可以隨身攜帶一個小筆記本，一旦有了創意，便立刻記錄。因為我們知道，創意的來臨是沒有時間和地點的，隨時隨地都有可能到來，千萬不要錯失自己的思想結晶。

二，定期整理我們的創意。把自己記錄下來的創意進行集中放置，可以放在櫃子裡、抽屜裡、盒子裡等等，再定期整理自己的創意。對難以實踐或是過於天馬行空的創意便可捨棄，有機會實現或是意義重大的創意便可留下。

三，不斷培養和完善自己的創意。將創意拓展和深化，可以把相關的創意綜合起來，從不同的角度去研究。一旦時機成熟，就可以將它實踐，並在過程中持續改善。

總而言之，好的創意加上勤奮努力，我們就會在人生的道路上揚起風帆，一往無前。

不被經驗蒙蔽雙眼，以變化觀看問題

社會的一切無時無刻地都在變化，隨著時間的推移和環境的改變，那些舊有的經驗總會面臨新的挑戰。因為生活中會不斷有新問題出現，用原本的經驗來解決這些新問題，不懂得轉變思路，就無法跟上社會發展的步伐，也沒辦法將事情處理妥當。墨守陳規，不擺脫舊有經驗的束縛，不但無法產生新的動力，也無法使人脫離困境。

在這個複雜多變的世界裡，因為各種條件不同，所以並沒有一套經驗和一個方法能適用於一切事情。關鍵是我們要懂得改變自己的思路，用新的眼光看問題。

研究人員曾經做過這樣一個實驗。在兩個科學用的燒杯裡，分別放進相同數目的蜜蜂和蒼蠅。然後將燒杯的開口朝向漆黑的方向，底部面向光線。過了幾個小時後，研究人員發現，那些蜜蜂全部撞死了，而蒼蠅卻全部飛出了燒杯。

這是為什麼呢？為什麼蜜蜂就出不去呢？研究發現，蜜蜂根據以往的經驗，牠們認為出口只會在有光源的地方，於是便不停在燒杯的底部橫衝直撞。蜜蜂們用盡了自己的力量向光源處飛，遭到撞擊後仍是固執己見，繼續撞向同一個地方。同伴的犧牲並沒有讓蜜蜂們吸取教訓。在尋找出口這件事上，牠們既沒有採取互幫互助的方法，也沒有採取其他新的嘗試。只一味地朝著光源處飛，至死不改。

而蒼蠅並沒有採用蜜蜂的方法。牠們全然不顧亮光的吸引，在燒杯中四處亂飛，結果誤打誤撞地找到了出口，獲得了自由。

同樣的道理，在現實生活中，當我們發現那些原有的經驗和現在的環境發展不相適應時，就不要緊抓著舊有的經驗，應當立即轉變思路，從而更快地找到出路。

社會不斷進步，環境也在不斷地變化，被舊有的經驗綁住，不懂得根據事情的變化而靈活變通的人，只能面臨失敗。

有一個有趣的小故事說，一隻驢子背著一包鹽。鹽非常重，驢子背著很累，氣喘吁吁。結果在渡河的時候，驢子一不小心滑了一跤，跌進河裡。頃刻間，那包鹽也被河水沖散、融化，鹽就這樣被河水沖走了。

當驢子站起來的時候，頓時感覺自己的背上輕了許多。於是牠欣喜若狂，認為自己得到了輕鬆的「經驗」。再後來，這隻驢子又背著一大捆的棉花。這一次牠來到了河邊，以為再次跌進河裡也可以和上一次一樣減輕重量。於是走到河裡的時候，驢子故意滑了一跤。可是，這一大捆棉花卻因此吸收了許多河水，重量迅速增加。當驢子想要重新站起來，卻發現自己不僅站不起來，而且身體一直往下沉，任憑牠怎麼掙扎，最終還是被河水沖走了。

我們發現，驢子淹死的原因並不難理解。因為牠沒有正確地對待「經驗」，而是套用「經驗」，只懂得利用舊有的經驗卻不懂得變通，造成了最後的悲劇。

在現實世界中，人也是如此。時代在不斷地發展，若是一味地堅持原有的經驗，不去改變自己的方法和眼光，就適應不了社會發展的需求。只有那些大膽創新的人，才有勇氣去挑戰社會，挑戰自我，他們會在自己的人生中拿出自己的創意，走在時代的前列。

想要在這個瞬息萬變的時代裡堅持自己的立場，我們就不應該堅持舊有的經驗。而是要脫離舊經驗的束縛，讓自己善於思考。對於前人或自己以往的舊經驗，要勇於質疑，培養提出問題的能力；於此同時，我們也要時常更新自己的觀念，勇於接受新事物、嘗試和創新，才能讓自己的眼光始終保持長遠，不被舊有的經驗所綑綁。

夢想有多大，舞臺就有多大

對每個人來說，只有自己才能成為自己的典範和導師，也只有自己才能成為自己內心的解放者。

朋友，不知你是否思考過這些問題——什麼是你的最愛？什麼東西曾一度占據了你的心靈空間？又是什麼能讓你感到無比的幸福？要是你懷著真誠，去回憶曾經發生過的一切，你就會發現，關於這些問題的答案其實都在日常生活中。

我們可以開始回想，自己崇拜著什麼樣的人，並把這些人的名字寫在紙上，想想這些令自己崇拜的人，是什麼原因值得自己崇拜？這些人有什麼成功之處？共同之處？根據自己從這些人身上總結出來的東西，和自己的實際情況做一下對比，看看我們目前階段還存在哪些方面的不足。明白了這些，往後努力的方向也就明確了。

當然，我們也可以從這些令自己景仰的人的身上，理出一些值得學習的事，再把這些特質融入到日常生活中去，並堅持下去。經過長年累月的堅持，我們便會成為當年讓自己崇拜的人。其實，這就是站在巨人的肩上，必然會看得更遠的道理。

人的一生，會有不少敵人。但最大的敵人往往就是我們自己。所以，我們要不斷戰勝自己，不斷超越自己。而戰勝和超越自己究竟該怎麼做呢？很好的方法就是改變自我的心境。

事實上，主宰人生的也是自己。一切成功和勝利都是自己創造的，所面臨的失敗和挫折也都需要自己來承擔。所以，我們除了要積極地接納自己的一切，還要將自己最有特色的一面、自己最希望呈現的一面展現出來。我們經常說要自省，自省就是要不斷思考和總結自己，凡是可取之處，就繼續保持、發揚；對於那些做得不夠完美，或是作法錯誤的地方，則加以糾正。這是正確對待自己的一個方法。對我們來說，還需要學習更積極的方法，那就是用信念改變自己！

心理學專家研究發現，人們可以跟隨自己的想像，成為自己理想中的人物。這是因為透過想像，我們對自己所嚮往的東西已經有了很明確的目標，所以在以後的生活和工作中，都會不知不覺向著那個目標努力，直至實現。因此，我們每天花一些時間來想像，想像自己是一個在事業上非常成功的人，當然也可以想像其他方面，比如自己成為一個非常富有的人、一個心態非常良好端正的人等等。我們也可以把自己的想像做得更具體些，比如把每一時期要達成的目標記錄下來，張貼到自己每天都能夠看見的地方，每天都要想像這個目標。透過想像的過程，鮮明的目標就融進了自己的潛意識裡，從而烙印在腦海中，形成了潛意識。

一旦目標進入到我們的潛意識，距離改變自己也不遠了。當然，真正的成功需要做出實際的行動，但是在行動之前，這一系列的心路歷程，讓我們行動的思路更加清晰，並且更有動力和毅力。

在奮鬥的過程中，把自己的行動考慮得愈清晰、愈細膩，處理事情就愈容易。所以，僅僅想像到自己成功的目標是遠遠不夠的，除此之外更應該去想像，邁向成功過程中的每一個細節，並把每個細節都形象化。比如在自己心目中形成一個具體的藍圖，這種成功的藍圖會給予那些追求成功的人，帶來更大的動力和熱情。

美國著名的旅館大王希爾頓，就曾經透過建立自己心目中的藍圖而走過人生的難關。在一九二九年的時候，美國正面臨著嚴重的經濟危機，歷史稱「經濟大蕭條」，許多公司、企業都瀕臨倒閉。包括希爾頓和他的旅館也陷入了困境。當時，希爾頓的旅館營業額急劇下降，對外欠了不少債務。有一天，希爾頓偶爾看到一家叫沃爾多夫飯店的照片，這讓他很震撼，照片上的那家飯店很輝煌，裡面的設施一應俱全，不但擁有大量的客房、廚房和廚師，還有附屬的私人醫院和位於地下室旁的私人鐵路。如此豪華、氣派的飯店正是希爾頓心目中的理想飯店，於是，他立刻將這張照片剪下來，並在上面寫上「世界之最」。從此以後，希爾頓不管走到哪裡，都將照片隨身攜帶，希爾頓認定，照片中的這家飯店就是自己奮鬥的目標。終於，經過了十八年的努力，在一九四九年十月，希爾頓買下了沃爾多夫飯店，成為了這家飯店真正的主人。

如例子所述，我們也應該大膽地把自己的夢想記錄下來，從而時時刻刻來激勵自己。那些最優秀最偉大的推銷員，每天無時無刻不在告訴自己：「我會成功的，我一定會成功的！」、「我的業績會不斷地提升，一定會不斷地提升。」、「我是最優秀的！」相對地，我們也可以這樣激勵自己。不要害怕他人的嘲笑，如果連自己都不相信，那還指望誰來相信自己？我們可以透過「反覆想像」自己的目標，從而讓目標深深地烙印在自己的腦袋裡！讓目標成為向前的動力，帶領我們不斷向前，走向成功。

抓住核心，解開問題癥結

有一次實驗，一群生物學家為了研究袋鼠的生活習性，便把幾隻袋鼠放在了一個用柵欄圍起來的開放式籠子裡。直到有一天，一位管理人員發現袋鼠從柵欄裡跑了出來，這件事讓他們感到很不可思議。於是生物學家開會討論，所有人都認為是柵欄的高度太低，才讓袋鼠從柵欄裡跑出來。於是，他們便決定把柵欄的高度由原來的十公尺增加到二十公尺。可直到第二天，所有人發現袋鼠仍然離開了籠子，無奈之下，他們只好再將柵欄加高至三十公尺。

然而過了幾天，管理員們驚恐地發現，所有袋鼠居然全都跑到了外面！於是所有人非常緊張，並決定直接將柵欄的高度增加到五十公尺。直到後來生物學家要開始做實驗時才發現，原來是管理人員一直以來都忘了關閉柵欄的門。所以袋鼠才會離開籠子，並非所謂的柵欄太低的原因。

其實，生活中的許多事情都和這個故事有不少的相似之處。雖然人們往往能發現問題，可是總抓不住問題的核心，找不到最根本的原因，而是盲目地把出現問題的原因歸咎到一些無關緊要的方面。除了因此浪費了龐大的物資和財力，也沒有將事情完全解決，甚至可能因為這些失誤，錯過彌補的時機，讓事情進一步惡化。

所以人們在做事的時候，必須先將事情的範圍縮小，抓住問題的核心，才是解決問題的關鍵所在。必須透過現象看到問題的本質，而不是讓一些表面現象蒙蔽我們的觀察，或是在思維上走進死胡同。

在面臨問題時，我們必須培養出「透過現象看本質」的能力，把我們的思想集中在問題的關鍵點上，這才是解決問題的正道，也有助於又好又快地解決問題。

一九八〇年，全球的飲料界龍頭可口可樂公司更換了新的領導者，新上任的領導者叫古茲維塔，這個時候的可口可樂正面臨與百事可樂的激烈競爭，可口可樂的市場占有率也開始下降。面對公司的困境，可口可樂公司的其他管理層人員把焦點全集中在了百事可樂上，他們仔細地籌畫著接下來的目標，要讓可口可樂的市場占有率每月增長百分之零點一。

對於如何擴大可口可樂的市場占有率這個問題，作為領導者的古茲維塔卻沒有採用其他高層的想法。經過深思熟慮，古茲維塔決定停止與百事可樂的競爭。他認為公司現在要做的，是增加飲料市場占有率，而非單單與百事可樂競爭。

於是，可口可樂的管理層在古茲維塔的啟發下，對公司的戰略作了調整，他們在每一個街頭都擺上了販賣機。也因此可口可樂的銷售量開始節節攀升，百事可樂也不再威脅可口可樂的企業地位。

從當時的情況來看，可口可樂和百事可樂在飲料市場上的占有率已經沒有太大的競爭空間，持續競爭下去也無法創造更多的利潤。而在這時，古茲維塔調整了思路，他開闢可口可樂在整個飲料行業中的市場，最終取得了成功。

當我們遇到問題的時候，應該尋求問題產生的根源，這就是本質。任何問題都會有表面現象和本質。如果沒有經過認真分析和觀察，就可能被表面現象所迷惑，在這種情況下，我們所做出的分析往往就會局限於自身的思考習慣和範圍之內，當然也就很難發現問題產生的根本原因。所以，不管是解決什麼問題，都應先找出問題的核心，從最關鍵的問題入手分析，然後再提出解決方案。抓住了核心，問題也就不難解決了。

運用人生加減法，讓人生路愈走愈開闊

學習就是人生加法思維的一個過程。倘若將我們一生的成就比作一座大樓，那麼學習的過程就是鋪蓋的過程。

在現代社會，我們面臨著日新月異的發展，學習則更是我們每個現代人生存和發展的基礎。人生其實就是一種自我經營的過程，既然要經營，那就必須講求運算。學會運用人生的加減法，我們就能真正掌握人生的主動權。

人生需要使用加法。來到這個世界上，每個人都有自己所要追求的一些東西，每一種追求都是人的自由。人各有志，只要不違反法律、不陷害他人，並且符合道德倫理的話，那麼任何追求都是合理的。比如有些人早出晚歸，只為增加財富；有些人待人誠懇，只為拓展自己的人際關係；有些人堅持鍛鍊身體，只為強化體格、訓練體質等等。人生加法的原則是提倡公平競爭，對每個人來說，只要自己能勝出，不論是在物質財富上還是在精神財富上，都是值得肯定和鼓勵的。

人生也需要使用減法。有人曾經說：「人生就像一輛車，載重量是有限的，如果超過重量，就可能使人生走向反面。」雖然我們的生命是有限的，但希望卻是無限

的。面對人生，就要學會淡然地看待得與失。人生有得必有失，這是再正常不過的事了。我們應該學會用減法減去人生過重的負擔，否則，當自己承受太多的壓力，就極有可能被擊垮。

捨得捨得，有捨就有得。當我們面對生活時，適當地放棄也是明智的選擇，只有懂得適時放棄的人，才會事事如魚得水。

人生的許多次選擇總在放棄之後。明智的人在做出一項選擇之前，都會先把自己要放棄的東西，毫不猶豫地放棄。比如當我們選擇健康的時候，就要學會改善過度睡眠的壞習慣，或是放棄食用高熱量食物等等。總之，真正的智者，懂得何時放棄，這是因為放棄之中也蘊藏著機會。放棄了才能得到新的，才有機會獲得新的成功。有時候放棄其實就是為了得到，是新一輪的進取，也是值得肯定的。

一位禪師帶著弟子們來到了一個山洞，這讓弟子們感到很納悶。而就在這時，禪師打開了一個神祕的倉庫。倉庫裡裝滿了各種各樣的物品。甚至細看還能發現，每件物品上都刻著字，分別是痛苦、煩惱、驕傲、嫉妒、謙虛、正直、快樂……這些物品的確很漂亮，這時禪師說道：「孩子們，這些都是我多年的珍藏，要是你們喜歡的話，就拿去吧！」

弟子們開始將這些漂亮的物品拿起端詳，他們認為每一件都十分珍貴，捨不得放下。於是，每個人的行囊都被裝得滿滿的。然而在回去的路上，這些弟子卻發現身後的行囊太過沉重，花費他們太多力氣。這時，禪師說：「孩子們，放掉一些吧，我們還有很長的路要走呢！」於是，「驕傲」被丟掉了，「痛苦」也被丟了，「煩惱」也丟了……這時，雖然行囊的重量減輕不少，可弟子們還是感到腳步特別沉重，行走起來十分不便。

「孩子們，你們可以再看看還有什麼可以放下的。」禪師再次和弟子們說道。這時弟子們才終於把最沉重的「名」和「利」也放了下來。他們看了看所剩不多的行囊裡，裡面剩下「謙遜」、「正直」和「快樂」了，突然間，後輩們的內心深處，有一種輕鬆和快樂油然而生。禪師舒了一口氣：「孩子們，這就對了，你們終於學會了放棄！」

我們對生活中的人和事，要懂得拿得起，也要放得下；相反，只有放得下，才能拿得起。在荒漠中行走的人知道什麼情況下必須放棄過重的行囊，從而減輕自己的負擔，也能保存體力。為努力走出困境奠定了基礎。所以，該放下的就該當放下，如果連生存都不能保證，那我們的堅持還有什麼意義呢？

人生，需要不斷地做加法和減法，這展現了多方面的做人智慧。人的一生，有得就有失，有取就有捨，有進就有退。面對生活泰然處之，能適時取捨，這是智慧的人生所需要的。

試著「倒過來想」，事情或許能更加順利

朋友，在生活中不知你是否嘗試過「倒過來想」的方法？這樣做可以拓展我們的思維廣度，還可能讓我們發現解決問題的方法。當我們已經習慣了正向思維的模式，那不妨在自己的生活中嘗試一下逆向思維的方式，遇到事情的時候「倒過來想」，很多時候便能看到一道耀眼的光芒。

有一個男人在一間公司擔任助理。有一天，他不小心打翻了辦公桌上的一個瓶子，瓶子的蓋子沒有鎖緊，裡面的水把桌子上的一份檔案全部浸濕了。更糟糕的是，這份文件是主管讓男人馬上複印的重要文件，十分重要。

著急的男人不知如何是好，他心想，這下闖下大禍了，文件上的字都看不清楚了。這該如何向主管交代。於是他趕緊拿起檔來仔細查看，然而讓男人沒有想到的是，文件被水浸濕的部分，其字跡仍能清楚地看見。

只是接下來又出現了讓男人困擾的事，他把這份檔複印出來的時候，原文件上的水痕卻在複印出來的成品上變成一大片黑色。為了消除文件上的「黑點」，男人想了許多辦法，可都不成功。

就在一籌莫展之際，男人的腦海中突然冒出一個「顛倒過來」的想法。自從影印機問世以來，大量的檔案和文件被盜版印刷，這讓許多出版商以及原作者十分苦惱。然而男人卻想到——那為什麼不以「液體」為基礎，研製出一種能防止盜版印刷的材料呢？

在「逆向思維」的推動下，男人經過多次實驗，終於研製出一種深紅色的影印紙。這種影印紙的發明，在一定程度上減少了人們使用影印機的頻率，並且市面上的盜版印刷也減少了許多。而男人發明的產品上市後，銷售業績直線上升。

這種顛倒的思維，有的是方向顛倒，有的則是結構倒裝，或者功能逆用。在具體運用這種思維方法的時候，我們首先要找出「正」、「反」這兩個對立點的統一思維，然後再去尋找整個事情的突破口。

有一位故事講述一位大富豪走進了一家銀行。銀行人員見狀，上前詢問：「先生，請問您有什麼事情需要服務嗎?」銀行人員一邊詢問，一邊上下打量富豪的衣著。從富豪的打扮中，銀行人員很快就看出富豪的身家價值不斐。

富豪望著銀行人員，說：「我想向銀行貸款。」銀行人員聽後點了點頭。「沒有問題，您打算貸款多少呢？」然而接下來富豪所說的話卻讓銀行人員忍不住震驚。「我只要貸款一美元。」

「您只貸款一美元？」這位銀行人員驚訝地張大了嘴巴。然而富豪仍不疾不徐地說道：「是的，我只需要一美元，我可以申請貸款嗎？」見到如此情勢，銀行人員不禁猜想，眼前這位先生穿戴得如此闊氣，可他卻只貸款一美元？難道他是在試探銀行的工作品質和服務效率嗎？於是，銀行人員便立刻恢復專業模式，對先生說道：「當然，我們很樂意為您服務。」

「好的。」富豪點了點頭，接著伸手從豪華的皮包裡取出一大堆股票、債券等放在了櫃檯上，然後對銀行人員說：「這些可以拿來做擔保嗎？」

銀行人員定睛一看，粗估這些東西的總價值至少有一百萬美元。銀行人員望著這龐大的財富數目，忍不住再次詢問這位先生：「您真的只貸款一美元嗎？」

「是的，我只需要一美元。有什麼問題嗎？」

「好的，那就請您來辦理一下手續，年息為百分之六，只要您支付百分之六的利息，貸款期限為一年，一年之後按時還款的話，我方就會把這些股票和證券歸還給您。」

當富豪辦完手續正要離開時，在兩人旁邊觀察的銀行經理感到無比困惑。一個擁有一百萬美元的人為何會來到銀行借一美元？於是銀行經理忍不住追了上去，開口問道：「先生，對不起，我可以問您一個問題嗎？」

富豪聽聞呼喚，停下腳步回過頭。「當然可以。」

「您好，我是這個銀行的經理。」做個簡單的自我介紹以後，經理直接了當地問：「我想問您，您明明擁有一百萬美元的財產，為什麼要跟銀行貸款一美元呢？」

富豪聽到問題以後，只是笑了笑，然後說道：「我之所以這樣做，是因為我來這裡辦事，隨身攜帶這麼多東西很不方便，想把它們存到金庫裡，可是保險箱的租金都很貴。所以我決定到銀行將這些東西以擔保的形式寄存，這樣你們替我保管，而且利息非常低，一年也才不過百分之六……。」

聽完富豪的想法後，銀行經理才恍然大悟，也忍不住由衷欽佩這位富豪的巧妙思想。將事情往「反方向」去思考，以另一種形式將自身的財產存進銀行裡，租金的費用比正規的管道來得更划算，這樣的想法不禁讓銀行經理佩服得五體投地。

在現實生活中，這種「顛倒」的逆向思路有許多創新事例。在百貨公司裡普遍使用的手扶梯，就是讓「走路」顛倒過來，讓路「自己走」，實現「路動」而「人不動」的創新成果。日本豐田汽車公司的創始人豐田喜一郎說過這樣的話：「如果我取得了一點成功，那是因為我對什麼問題都倒過來思考。」

一位著名學者曾指出，當事物的發展趨勢發生了方向顛倒的重大改變時，人們對它的認識和態度也就自然需要隨之做出相應的調整。如果將問題的某一發展過程倒過來思考，我們就很有可能發現新東西，因此，不能只從一種角度去觀察與思考事物，而要因地制宜、因事制宜、因時制宜，不斷變換思維角度，才能發現問題的新觸角和新亮點，尋找到通往成功的路徑。

遇事多轉彎，收穫良多

為人處世，要懂得在轉彎的時候及時轉彎，不能一味地縱容著己的習慣或脾性。遇事多轉幾個彎，表面上看似乎耽誤了時間，然而事實卻是適時的轉彎能更快地達到目的。學會隨時轉變思路，對人們來說非常重要。過於執著某件事，雖然精神值得敬佩，可是過分的堅持則可能把原本良好的發展葬送。任何事都要有一個限度，要是過度堅持，反而容易吃虧。

我們知道，生活中往往解決同一個問題可以用多種方法。倘若我們只在筆直平坦的道路上開車，遇到錯綜複雜的道路也不知道轉彎，那麼，交通事故隨時都會出現。

在生物界中，有一種魚叫馬鮫魚，平時生活在深海中，春夏之際溯流產卵，隨著海潮浮到淺水面。漁民發明了一套捕捉馬鮫魚的方法，十分簡單，那就是用一張竹簾，下擺繫上沉重的鉛塊，放入水中，上擺的左右兩端各綁在一艘小艇上，利用往前行駛的速度，攔截魚群。

馬鮫魚的個性很倔強，個個都是急性子，不懂得如何轉彎，即使不慎遊入漁民設下的陷阱中，也只會向前游進，所以當一隻馬鮫魚鑽入網中，網子隨之緊縮。當網子被收縮得愈緊，馬鮫魚愈急，張開脊鰭，更加拚命地往前衝，直到最後被網子牢牢固定，最終為漁民所獲。

馬鮫魚之所以容易出現這樣的悲劇，就是因為牠們不懂得轉彎之道。看看我們周圍的人，不難發現：有些人總愛抱怨人生之路愈走愈窄，看不到成功的希望。可是他們卻習慣在路上一直筆直地走下去，不試圖改變現況。這和馬鮫魚是多麼相似！這類人為什麼不捫心自問一下？倘若遇事多轉幾個彎，換一條道路或換一個環境會出現什麼情況呢？也許只要他們改變一下自己的思維方式，路就不會那麼狹窄了。

從前，西部有一個缺水的偏遠小鎮，居民的生活用水要到五公里以外的地方才能取得。於是「喝水」對小鎮上的人們來說變成了最困難的事情之一，尤其缺乏勞動力的家庭更為困難。

而在這個小鎮上，有一個年輕人，他頭腦靈活，看到了其中的商機。以在當地販賣水資源為業。雖然很辛苦，可是小鎮因缺乏水資源，這波商業也算是十分熱門。直到另一個村民也想分一杯羹，除了效仿親自運送水之外，還號召了家中的兩位兒子，很快這位村民就占據了小鎮上的水資源總銷售。年輕人見狀，決定改變自己的販售方式。年輕人購買了三十個水桶，聘請三十位勞工負責運送水資源，他自己則負責販售水資源，再從總銷售額裡分配出薪資總額，平均分發給三十位勞工，這樣做不僅節省了力氣，又強化了市場供應，總銷售額一下子提高不少，並且一下子超越了另一位居民的銷售額。可當時間被拉長以後，這三十位勞工因熟悉了販賣管道，便不再願意做被雇用的那一方，紛紛提出辭呈自行創業。年輕人一下子又回到了最初的經營狀態，而且因為那三十位勞工紛紛自立門戶的關係，小鎮上的水資源市場競爭變得更加激烈了。

但是，聰明的年輕人很快又有了新主意。他訂做了兩輛水車，購入兩頭牛，以牛拉車的方式運送水源，效率不僅提高了，成本還降低了，眼見年輕人又重新奪回小鎮上水資源的最高銷售額，令所有人感到羨煞不已。

人們很快看到「規模式經營」的優勢，於是紛紛聯合起來，除了使用牛拉車，也使用馬拉車，許多人用了各種不同的方式，參與到這場爭奪水資源的商業競爭中。

然而，正當競爭愈演愈烈之時，人們突然發現，水源竟然賣不出去了——原來，年輕人最終買來水管，安裝了地下管道，讓水源自行從管道中運送至各戶人家，而自己只要坐在家裡獲得收益就可以了，且價格大幅度下降，一下子壟斷了全部的水資源市場。

生活就是這樣，只有那些懂得轉彎的人才能擺脫所面臨的困境，找到新的出路。而那些不懂得轉彎的人則永遠跟在別人後面走，自己既沒有長遠的眼光，也不懂得靈活變通，所以總是遇到困難。

現在，也有不少年輕人在社會上處處碰壁，不論是和他人的交往還是對於自己的工作，他們都會遇到不小的困難。究其原因，也是不懂轉彎之道。這時我們就應該停下來思考一下，這條路行不通，是否可以轉個彎或者換個方向？當我們轉了幾個彎，說不定就可以找到突破口；換個方向，也就是換一種方式，或許就找到了可以施展才能的舞臺。

遇事多轉幾個彎，目的就是調整自己，創造更好的條件再來接受挑戰，從而達到成功的目的。遇事多轉幾個彎並不是畏縮、怯弱的表現，而是做人的智慧。

改變舊有思路，尋找新的出口

生活中，人們會難免出現定勢效應，但定勢效應對於幫助我們去認識周圍的事物並不有利。定勢效應會僵化我們的思維，扼殺我們的創意。這時候，我們必須學會變換原來的思路。當你轉換了思路去面對生活的時候，才會發現，自己的「定勢效應」已在不知不覺中被破解，全新的創意也會湧上你的心頭，你所面臨的困難也會出現轉機。

在一九一六年，少校盧克納爾曾經對德皇威廉二世說道：「陛下，您給我一艘帆船讓我們出海一戰吧，我肯定能夠徹底擊敗英國人。」當時此話一出，在場的所有人都非常驚訝。

如果這句話放在中世紀，這樣勇於挑戰大不列顛的軍官表面看起來是有一些魯莽，但是至少也能夠展現出他的英勇。可是此時，時間已經到了一九一六年，在這個時候，可以說帆船早就已經成為了一種古董，是根本不可能作為戰爭用的船隻來使用的。

盧克納爾從小就富有反叛精神，膽大心細，善於獨出心裁。而對於威廉二世以及在場人的驚訝態度，盧克納爾向大家解釋道：「我們的海軍軍官們認為我是狂妄自大的人，既然我們的人都認為這樣的計畫是天方夜譚，那麼，英國人一定更不會想到我們會這麼做的，所以說，我認為我們可以利用古老的方式讓英國人措手不及。」

當我們看完這段話之後，就會發現，其實這段話充分展現了盧克納爾獨特的思維，試想，如果他是一個受過正統軍事教育的軍官，要提出這樣大膽的主意屬實有些瘋狂。而這也充分展現了盧克納爾的獨特個性，這樣的奇思妙想讓他顯得與眾不同，而正是因為這樣冒險的想法，最終才成就了他的輝煌。

就這樣，威廉二世被盧克納爾說動了，他同意了盧克納爾的計畫，而盧克納爾最終也利用一艘古老的帆船，成功襲擊了英國人的海上航線。

在戰場上，軍功與士兵都必須富有膽識，而在如今競爭激烈的社會中，我們更需要具備這種聰明才智，才能在社會得競爭中更勝一籌。

改變自己的思路，我們將會擁有一個全新的世界。平日裡，我們可以選擇一些自己喜歡的活動來改變大腦的靈活度，比如積極健身，或者堅持晨跑，在運動中改變自己的思路；假日期間，我們可以選擇離開繁華的都市，親近大自然，讓自己享受陽光，熱愛生活。這樣也能改變墨守成規的思維，讓自己的腦袋活躍起來，從而改變原來的想法、找到新的思考方法。

人生不如意事十之八九，就像一座山一樣，有高峰就必然有低谷。當我們走到人生低谷時，切不可自卑。當身邊某件事物的某個方面，或某個特點對自己不利時，不妨改變原來的想法，也許就會發現這件事物有利的那一面。處理事情和解決問題的時候也一樣，若總是按照原來的思路和方法去思考，就無法順利找到突破口。但如果嘗試把原來的方式或想法拋棄後，或許就會發現，其實這個問題不難解決。

換個角度，就有出路

有一個小女孩，她因為罹患疾病而住院治療。她所在的病房有幾扇窗戶，可以看見外面的風景。有一天，她走到一扇窗戶前，並推開窗戶，看到外面的一切是如此荒涼，不禁傷心地哭了起來。這時，外公告訴小女孩：「妳為什麼不去別的窗戶看看？」小女孩聽了外公的話以後，就來到另一扇窗戶前。結果，她看到了一番截然不同的景象——窗外的花園裡，一片花海美不勝收，蝴蝶與蜜蜂相繼穿梭在花與花之間，而花園旁邊有著許多正在玩樂的小朋友，以及正忙著拍照留念的大人，偶爾也會有散步路過的人們。看到這一切，小女孩開心得笑了。

這個故事告訴我們要換個角度看問題。生活中，換個角度去思考，或許我們最後得到的結論也會不同。看待一件事物，不可只用一種角度去解釋或判斷，改變自我的立場，多以客觀的角度去看待事件的全貌，撇除單一的思考方式，才能獲得全方位的完整結論。

再舉一個例子：在一堂數學課上，老師拿起白色的粉筆，在黑板上點出一個點，然後轉身問底下的同學：「大家認為這是什麼？」

同學們看見黑板上的那個點以後，全都異口同聲地回答：「一個白點。」

聽到同學們的回答以後，老師若有所思地搖了搖頭，然後說道：「你們只看到這個白點，卻沒有看到白點後面的這一大片黑板。」

眼見同學個個開始面面相覷，似乎不太理解老師想傳達的意思。然而老師並沒有急著說明，而是開始告訴所有人一個道理。「這個白點就像一個人身上的缺點，這世界上沒有十全十美的人。但當我們和別人相處的時候，不能將注意力只著重在對方的缺點上，相反地，我們要以「全面」的角度去觀察這個人，不可以因為對方的缺點而忽略了全部的優點。就像這個白點，你們只注意到白點，卻忽略了身後的黑板，我們要避免用這樣的角度去看一件事物。相同地，我們不可以因為某人身上的一個缺點，而覆蓋了所有的優點。我們要努力去看見別人的長處，這樣才能發現我們身邊有許多優秀的人值得學習。」

朋友，聰明的你肯定會發現，換個角度思考，我們會看到積極的一面，即使遇到挫折和困難也堅信自己能夠掌控命運；相反，大多人看到的只是自己的不足和事物消極的一面，遇到挫折和困難都怪罪於自己，這樣當自己終於放棄時，才能心安理得地告訴自己：「是我的不足。」

又或是當我們感到悲觀和樂觀，兩種態度面對的是截然不同的心理感受。當人悲觀時，感受到的情緒永遠都是負面的、消極的、不安的，就算擁有所有最豐沛的資源，也永遠習慣將事情導向負面的方向去假設，使自己或周遭的人陷入憂鬱的氛圍；但當人樂觀時，心中擁有的情緒是積極、陽光、正向的，就算身邊的人事物所剩無幾，生活正遭逢難關，令你無處可躲，但如果心中永存樂觀的態度，面對突如其來的打擊或是發展不順遂的事態時，很快就能從憂鬱的陰霾中走出來，並且積極設想辦法，將所有的問題迎刃而解。

生命就是一連串的選擇！對於我們的生命，可以有兩種選擇——享受它或是排斥它。這是完全屬於我們自己的權利，沒有人能夠控制或奪去的東西就是我們對生活的態度。請換一個角度，積極樂觀地生活吧！

第二章　選對思路，定方向

要改變命運，先改變思路

有一位學生在上學的時候，很勤奮地學習，但成績卻不怎麼理想。為此他很苦惱，漸漸地心理開始承受不了這樣的現狀。

有一次，他對心理諮商師說了自己的學習狀況：「我一直很用功。」學生十分苦惱地說。但心理師並沒有順著他的話給予安慰，而是直接了當地說：「問題就在這裡。」心理諮商師看著眼前的學生繼續說：「你一直用功，可是進步不大，你再這樣下去，恐怕也是浪費時間。」聽完心理諮商師的話，學生感到十分難過，他哽咽地說：「要是那樣的話，我爸媽會難過的，他們一直讓我好好讀書，希望我將來能夠做一個有成就的人。」聽著學生的話，心理諮商師伸出一隻手放在對方的肩膀。「孩子，不用擔心。你想想看，工程師會寫程式，但他不會創作樂曲或是寫一首詩；畫家擅長繪畫，但他或許對於數學相關的問題一概不懂。每個人都有自己的特長，當然你也不例外。等到有一天，你發現了自己的特長時，你的父母會很高興的。」

自從聽完心理諮商師的開導以後，這位學生便和父母商量，最終選擇放棄學業，開始發展自己的興趣。最終，這位學生在二三十年以後，成為了園藝方面的著名專家。

我們可以想想，自己是不是也有和這位學生一樣的苦惱呢？其實，在這個世界上每個人都是獨一無二的，每個人都有自己的特長，當我們前面的路不通時，不要著急，不要驚慌，而要靜下心來，好好總結一下，看自己走過的這段路是不是適合自己，目前所走的這段路到底還能走多遠？如果發現自己確實不適合在這段路上繼續走下去，那就應該及早發現並做出打算，幫助自己重新選擇一條更適合的道路。

看看周圍的人，為什麼有些人大有作為，而有些人卻一生碌碌無為，造成這段差距的根本因素是什麼呢？是長相、身高、學歷、家庭背景，還是其他？其實都不是。長相、身高、學歷、家庭背景等這些表面上似乎都在決定我們的命運，事實上對我們的影響卻並非最大。從古至今，許多成功人士都沒有優渥龐大的家世背景，也沒有良好的學歷，甚至外貌一般，可他們獲得了成功，最後擁有了名譽、財富和地位，為社會作出了偉大的貢獻。

人類與其他動物最大的區別就在於人類的思想。思路決定出路。如果一個人沒有取得成功，這並不是說他的能力不夠，也不是說他努力得還不夠，而是因為他的人生觀和價值觀出現了偏差，所以就算他再努力，只要思路得不到改變，一切努力都只是無用。

社會正在不斷發展，無論在什麼時代，總會出現無數富人。而這些人之所以能搶先別人之前，走上富裕的道路，就是因為當別人還在釐清正確的思考方式時，他們已經有了明確的思路，明白自己應該做什麼，以及應該怎麼做。當別人無法理解時，他們已經心底有數。而當別人終於明白時，他們就已經成功了。

我們身邊很多人都在追尋財富，都在尋求成功的奧祕，可是他們卻忽略了財富來源於邏輯思考這個最根本的問題。有句話說：「腦袋空空口袋空空，腦袋轉轉口袋滿滿。」人與人的最大差別就在於大腦的思考。成功與失敗、富有與貧窮，只不過是一念之差而已。

在西方有一句名言：「一個人的自我思想決定他的為人。」行為是思想綻放的成果，人們的言行舉止，不論是自然行為還是刻意行為，都是由內心隱藏的思想種子萌芽而來的。現實中有很多人選擇的目標相同，卻常常因為思路不同、選擇的道路不同、走路的方式不同，從而得到了天壤之別的結果。

天高任鳥飛，海闊憑魚躍。我們不應該抱怨自己任何外在或先天條件，應該給予自己一個正確的思路，找到一個正確的方向。成功不是等到最後，而是從決定的那一刻就開始了。路雖遠，行則將至；事雖難，做則必成！人生中的很多事，不是我們能不能的問題，而是我們想不想要、敢不敢要、會不會要的問題。

在當今這個競爭激烈的社會上，只有打破原有傳統思路的束縛，用全新的觀念以及全新的方法和世界做交流，這樣當我們面對這個世界時，才能立於不敗之地！

樹立遠大目標，不斷努力進步

美國前總統富蘭克林．羅斯福的夫人——愛蓮娜．羅斯福在年輕時，對於自己的未來仍感到一片迷茫。後來，她決定進入電訊行就業。在那個時代，電訊業作為一個新興行業，發展很快速，前景也十分良好。經過慎重考慮，愛蓮娜打算進入美國電訊業的龍頭——美國無線電公司。然而在面試時，該企業的上級主管詢問愛蓮娜是否有理想的工作職位。愛蓮娜只回答：「都可以，什麼樣的工作都行。」面對愛蓮娜如此隨意的答覆，主管面露不悅，並且嚴肅地對愛蓮娜說：「這裡並沒有『都可以』這項工作。」主管告訴愛蓮娜，要取得成功，就要有明確的目標，沒有目標的生活，永遠不會快樂。於是愛蓮娜記住了這次教訓，做任何事情都先設定明確的目標，從而使自己的生活有條有理。

生活中若沒有奮鬥的方向，就容易活得一蹋糊塗；要想邁出成功的第一步，就要對自己有全面的認識，掌握自己的追求和喜好。目標明確了，才會有奮鬥的方向。漫無目的地飄蕩最終會迷失方向，即使我們的內心埋藏著許多寶藏，可是得不到開採，便與塵土無異。「有志者，事竟成。」立志是走向成功之路的第一步。

一九五三年，耶魯大學對畢業生進行了一次有關人生目標的調查。其中一個問題是：「你對自己的人生是否有清楚明確的目標？你的目標是否有一個明確的書面計畫？」結果只有百分之三的學生做出肯定的回答。二十年後，相關人員對這些畢業多年的學生進行跟蹤調查，結果發現，那百分之三擁有明確目標並順利達成的學生，在財務狀況上遠高於其他百分之九十七的學生。

許多人曾強調過立志的關鍵性。孫中山先生曾說：「古今人物之名望的高大，不在他所做的官大，是在他所做事業的成功。人苟有正確的志向，地位雖小，未嘗無大事業之成功。」、「青年應立志做大事。」南宋哲學家朱熹說：「大丈夫不可無氣概」，「立志不堅，終不濟事」。北宋文學家蘇軾指出：「天下未有其志而無其事者，亦未有無其志而有其事者。事因志立，立志則事成。」、「古之立大事者，不唯有超世之才，亦必有堅忍不拔之志。」

我國著名作家托爾斯泰說：「理想是那顆為我們在生活中指路的最亮眼的星。沒有理想，就沒有方向，而沒有方向，就沒有生活。」

理想是人們生活的動力，是前進路上的導航，是與困難鬥爭時的堅強後盾。正是有了理想，人的腦海才能創造出思想的結晶，使人鬥志昂揚。理想是燈，行動是油，希望燈亮，必須加油。面對生活，我們需要主動和堅強，需要樂觀的態度和不斷進取的精神。成功和失敗並不取決於起點上，而是取決於轉捩點上。雖然努力了並不一定會成功，但如果不努力，那必然會失敗。

比爾蓋茲說：「一旦你以積極的心態發揮你的思想，挖掘你的潛能，並且相信成功是你的權利，你的信心就會使你成就所有你所制定的明確目標。然而如果你接受了消極心態，並且滿腦子想的都是恐懼和挫折的話，那麼你所得到的也只是恐懼和失敗而已。」

明確的目標加上積極的心態，這是一切成功的起點。如果目標確定了，其他促使成功的因素也會隨時發揮作用，為目標貢獻力量。

找對思路，問題迎刃而解

在日常生活中，每個人對發生在自己身邊的人和事的看法與感受都是不一樣的。這主要是因為我們的內心世界富於變化，而且極其複雜，其複雜程度遠遠超過世間任何其他的東西。

著名的管理學大師羅賓斯先生在《管理學》一書中這樣寫道：「我們並不是真的觀察到了事實，而是對自己看到的東西進行解釋，並將這種解釋稱為事實罷了。」我們所面臨的世界究竟是何種模樣？世事到底是好是壞？完全取決於個人的思想。態度對了，思路對了，就容易取得較好的結果；如果思路不對，那麼遇到的問題就很難解決。

因此，我們眼前的任何事實，都不如我們所持的看法或者態度那樣重要。因為那會決定我們的成功或失敗。哈佛大學近期的一項研究顯示，人們的成功、成就、升遷等原因，百分之八十五是因為自身的態度，而僅有百分之十五是由於自己的專業技術。我們就能明白，可以透過改變我們的思路來改變生活。

事物都有其兩面性。成功者看待事物和思考問題時能選對思路，所以他們能看到事物好的一面；同時也善於顧及壞的那一面，但是總體上主要看的還是好的一面。

以上班族為例。對於這份工作、這個公司、公司中的人際關係，有些人看到的是好的一面，有些人看到的是壞的一面。而面對工作只感到消極的人，就會厭惡這份工作，從而開始偷懶、濫竽充數等；或是除了不喜歡這份工作，在職場上的人際也無法相處得宜，使得自身的職場人際關係十分尷尬甚至令其他同事反感。久而久之，這個人的工作能力必定無法成長、工作效能也無法令人滿意。

所以我們需要改變思路，找對思路。努力看到事物好的一面，主動發現別人良好的一面，對自己的目標有必勝的信念，同時在做事上也主動積極，這樣我們也一樣能夠成為成功者。從而進入一個賞心悅目的良性循環。

否則，當人總是看見負面的那一面，在有所行動以前，就可能被自己的想法而受到影響。當我們用什麼樣的方式看待世界，就必定會用同樣的眼光看待自己，間接使自己落入惡性循環。

定位改變人生，思路決定方向

一個人的發展在一定程度上取決於自己對自己的評價，這種評價我們可以用一個詞來形容——定位。在內心深處，我們把自己定位成什麼，自己就是什麼，因為定位能決定人生，定位更能改變人生。

美國心理學家威廉．詹姆斯說：「我們這一代人最重大的發現是人能改變心態，從而改變自己的一生。」

曾獲得坎城影展大獎的印度電影《流浪者》裡，拉茲是大法官拉貢那特的親生兒子，小時候被某個以行竊維生的陌生人帶走，於是拉茲從小便在心裡定位，我是小偷的兒子，長大後也要和家人一樣，做一個有本事的小偷。正是由於這樣的自我定位，長大後的拉茲真的變成了一個厲害並且善於各種行竊方式的小偷。

英國皇家貴族的後裔，在小時候都會接受著「你是貴族」的教育。在其成長過程中就會不自覺地形成一種「貴族心態」，而在成人之後，其後裔便會在沒有意識的情況下，從言行舉止中透露出貴族氣息。

如果我們把自己定位為一名「員工」，那麼我們的潛意識就會認為自己不可能成為一名主管，進而壓迫我們升職的動力與想法。因為這樣的結果並不符合我們一開始給予自己的定位；如果我們認為自己是一個「不可愛的人」，那麼當有人說出「你很可愛」的時候，我們便會下意識認為這是一種謊言或者嘲諷，而對那人回以冷漠的態度。

同樣，如果我們將自己定位於「窮人」，我們必定會不自覺地削弱自己的致富動機，錯失贏利良機。

人的心態是可以轉化的，給自己設定一個新的心理定位後，看待人生、看待任何事物的心態就一定會隨著心態發生新的變化。心裡想著快樂的事，我們就會變得快樂，快樂的心態讓我們有快樂的人生；心理消極的時候，心情就會變得負面，心態消極的人是不可能擁有幸福人生的！人生的成功和失敗、快樂和悲傷，幾乎是人的心態造成的。

我們給自己定位是什麼，自己就是什麼。不要否定一切可能性，試著將美好的理想藍圖套用在自己的身上，給予自己一個邁向發光發熱的機會吧！

克服低潮，人生無限

人生當中有所起伏，才能夠造就一個成熟的人。生命原本就是由痛苦與歡樂混合在一起的，有成功就有失敗，有山峰就有低谷。一個人生活在這個社會中，成長的過程裡不可能完全沒有遭受挫折或誤解的時候。而當人們經過一段時間的學習或工作後，往往會發生這樣的情況：

「不管怎麼努力，效率還是不高。」

「我懷疑自己能不能做好。」

「我想放棄了。」

「莫名其妙地想發脾氣。」

「注意力難以集中，身心都很疲勞。」

這就是人們所說的低潮期。低潮通常發生在長期從事同一種行業或身分的人身上，是一種經常性的心理現象。有一項研究曾針對專門從事同種類運動的人士，透過對運動員的運動量和比賽的研究，發現每個運動員都存在著運動巔峰和低潮現象。

那麼，在低潮來臨的時候應該如何面對？是背水一戰還是低頭屈服？

「工欲善其事，必先利其器」，想要成就事業，就要知道如何克服低潮。樂觀積極的心態和思維方式是無敵的！我們之所以煩惱，正是因為自己總是看到事物負面的角度，試著將事情往另一個方向設想吧。就好比地上有陰影，是因為我們總是低著頭；抬起頭，迎著太陽走，把那黑暗的影子永遠拋在身後。

那麼具體來說我們該怎樣來克服低潮呢？

一，我們可以把注意力由心理轉到生理，讓自己持續忙碌，獲得充實感。採用這樣的方法就可以使我們沉浸在工作裡，藉著遺忘過去和投入其他的興趣當中，來淡忘憂愁和顧慮。這就是透過生理活動使人忘卻心理的煩惱，

二，我們可以用一些放鬆的方法，讓自己的心理不再集中到那些負面的事情上。空出幾個小時，做一些與學習無關的事，痛痛快快地放鬆一下。暫時放下學習，冷靜地觀察思考，可以促使自己重新對學習建立起新的信心。比如聆聽音樂，一首喜愛的曲子或一種具有特殊節奏的音樂，可以促使人體的放鬆，使大腦獲得短暫喘息的空間。焦慮不安時，聆聽輕音樂是一種撫慰，情緒低落時，點播一首曲風活潑的歌舞，會使自己振奮精神。所以不妨透過聆聽喜歡的音樂來放鬆自己，讓自己飄蕩在藝術的世界裡。

三，我們可以利用自己的潛意識。用心塑造，改變自我內在的影像，想像自己非常成功和快樂的樣子，並徹底地將這些景象融進你的潛意識，深深銘刻在你的腦海中；經過不斷地自我暗示或自我確認，用大聲呼喊的方法給自己打氣！在紙上事先準備好一組積極的詞彙或句子，在不影響別人的情況下，大聲呼喊出「我一定能成功」、「我有勇氣」、「我是幸福的」等等。感到疲憊的時候，想像一下實現目標時的場景，那種感動與熱情澎湃，一下子就使人重新振作起來！

我們偶爾可以回想一下，過去在低潮期遇到挫折和失敗時是如何克服。回想過去的經歷，也可以使我們明白「低潮總是會過去的」，這樣也可以減輕自己的不安和緊張。

四，與人更多地交流。人天生就有喜好交流、喜好傾訴的本性，即使是沉默寡言的人，這種天性仍然存在。透過語言，與理解自己的人交流，是情緒得以緩解的有效手段。但在傾訴的同時也須注意，切莫讓自己的負面情緒影響到他人，比如無緣無故發脾氣、辱罵他人等，渴望被理解的同時，必須先學會尊重他人，理解他人的感受。

五，學會心理紓壓。心理紓壓的方式很多，大笑就是一種十分有效的方法。俗話說：「笑一笑，十年少。」科學研究表明，人在大笑的時候，大腦透過改變化學物質刺激，不良情緒會得以緩解，幸福感增強，免疫功能提高。除了大笑，還有聽音樂、做體操、散步、郊遊、爬山等，都是十分有效的辦法。人們在參加這些活動時，注意力被分散，緊張情緒被緩解。愈是處在競爭環境激烈、生活節奏快速的社會環境中，愈要注重心理紓壓。

走出低潮的方法其實就掌握在我們自己的手裡，任何人都左右不了我們的思想，只有自己才是思想的主宰者。境由心生，如果真的想要得到快樂，何不幫助自己跳出框架呢？

或是我們可以為自己設立一個低潮期限，在設定的時間內，利用上述方式來讓自己排解那些煩悶憂鬱的心情，使自己在有限的時間內，重新獲得能量。人生是無限的，切莫將自己關在永不見天日的憂鬱之中，除了自己的幫助，適時向他人求助，也是一個良好的紓解方法。

沒試過不要說不行，去試了才知行不行

漫漫人生路，我們所追求的風景可能總是山重水複，卻不見柳暗花明；我們的

人生旅途上可能荊棘叢生、沼澤遍布；我們前進的步伐可能沉重、蹣跚；我們可能需要在黑暗中摸索很長時間，才能找到光明……可是，我們為什麼不能以勇者的氣魄，堅定而自信地對自己說一聲「再試一次」呢？有不少人之所以沒有成就大事業，就是因為沒有嘗試的勇氣。遇見事情時，用恐懼和壓力將自己束縛在原地，無法有所作為。明明沒有嘗試過，怎麼會知道自己不行呢？所以，人一定要勇敢地去嘗試，永不放棄萬分之一的可能性。

肯德基的創始人，哈蘭德．桑德斯退役時，妻子帶著女兒離他而去，家裡頓時只剩他一人，當時的哈蘭德對於生活感到十分寂寞，更不知接下來的日子該如何度過。

直到有一天，他想起了自己的炸雞祕方，一個念頭閃過他的腦海，哈蘭德打算找到幾家餐館進行長期合作。可是事與願違，許多餐廳都拒絕了他。在這樣的情況下，哈蘭德沒有放棄，他憑著一股執著，從美國的東海岸到西海岸，歷時兩年多，推開過一千零八家餐館的大門。直到哈蘭德推開第一千零九家餐館的大門時，這家餐廳的老闆被他的精神打動，買下了炸雞祕方。於是，桑德斯便以祕方作為投資，得到了這家餐館的股份，隨著炸雞的美味逐漸打響名號，「肯德基」便誕生了。後來遍布美國，傳遍世界。

哈德蘭沒有因為被無數的人拒絕而打敗，相反地，他一直努力尋找機會，最終實現了自己的夢想。哈德蘭那永不放棄的執著精神值得我們深思，從他的經歷中我們可以得到「決不放棄萬分之一的可能」的啟示，相信終有一天會柳暗花明。如果失敗了，那就再試一次，不要輕言放棄。

孩之寶是位於美國的一間玩具企業，其公司從事玩具生產已經有幾十年的歷史了。在一九七〇年以前，公司的業績雖然並不是特別優秀，但也算是一帆風順。可是一九八〇年以後，亞洲勞動密集型產業興起，孩之寶受到了嚴重的衝擊，甚至差一點就宣告破產。

就在孩之寶陷入經濟危機之時，史蒂芬．哈森菲爾德成為了公司的董事長兼總經理。史蒂芬首先對公司的情況進行了全面瞭解和分析，之後又對美國的玩具市場和全球玩具的生產情況和發展前景進行了深入地調查研究，最後在掌握了大量資訊的前提下，他做出了多項風險決策。

史蒂芬發現香港的玩具之所以受到美國人的青睞，在於玩具的樣式眾多，呈現著新、奇、巧的特點。可如果需要生產這樣的玩具，必須擁有先進的生產設備，相比之下孩之寶現有的機器過於陳舊，所以生產出來的玩具品種單調，而且成本很高。

鑒於這種情況，在一九八二年，史蒂芬投入了三千萬美元更新廠內設備，僅僅過了一年，他又投入了三千萬萬美元收購了某間電子公司，在接連投入資金的情況下，孩之寶所生產的玩具產品終於開始跟上了時代發展的步伐。

史蒂芬在進行生產技術改造的同時，也對公司內部的機構和人事進行了大膽地調整，特別是推銷人員，在史蒂芬的調整下，孩之寶的銷售部門成為了最重要的部門。

而史蒂芬的這舉動讓當時許多擁有一定資歷和關係的人士感到不滿，因為史蒂芬的調整觸及了自身的利益，可是史蒂芬卻毫不猶豫，堅決讓決策貫徹執行。

史蒂芬認為玩具的製作大多是為了幼童，但玩具也是成年人喜歡的物品，甚至可以作為一個時代的縮影，所以他投資了上千萬美元研發新技術，成立了專門的研發部門，負責研發新型的玩具，甚至不惜花費鉅資購入技術專利。

史蒂芬的決策並不是沒有風險，在一九八八年，他花費了兩千萬美元投資研究的一項電子遊戲機，結果生產出來後，經過核算發現效益不好，只能被迫停產，造成兩千萬美元付之東流。可是史蒂芬並沒有因為這次失敗而氣餒，他總結出失敗的原因，是因為在決策之前對企業內部、外部的因素分析不清楚。所以日後，史蒂芬的每項經營決策都會因為這次教訓，做好各方面的調查。

正是在史蒂芬的大膽決策下，孩之寶經過十幾年的經營，不但起死回生，而且業務迅速發展，現在已經成為了全球的大公司。

在人生的路上，遇到失敗那是再正常不過的事了，重要的是自己要有再試一次的勇氣。哪怕經歷了許多次失敗，也沒有關係，下一次也許就出現轉機。如果無法堅持下去，又如何能走出困境？即使再試一次所得到的結果和現在一樣，大不了從頭再來。假如當年愛迪生埋頭發明的時候，一受到挫折就放棄，那當年的他還能做出這麼多有助於人文社會發展的發明嗎？所以，我們要在關鍵的時候告訴自己：「再試一次！沒試過，不要說不行。」

美國著名的民謠歌王「卡洛爾．金」享譽世界樂壇。她用自己溫柔動人的嗓音征服了聽眾。可是沒有多少人知道卡洛爾在成為著名歌手之前的處境。成名之前，卡洛爾是一位鋼琴伴奏者。有一天晚上，她在西岸俱樂部演出時，主唱因臨時生病不能到場。主辦方焦急萬分。就在這個時候，卡洛爾和俱樂部的老闆表示自己可以嘗試主唱的角色。當時時間緊急，也沒有其他更合適的人選，老闆就答應讓她試試。

結果，讓人沒想到的是卡洛爾的表現，讓觀眾和俱樂部的人出乎意料，演出取得了史無前例的成功。從那時開始，卡洛爾正式成為一名歌手。

現代詩人汪國真先生有這樣一句詩：「我不去想是否能夠成功，既然選擇了遠方，便只顧風雨兼程；我不去想未來是平坦還是泥濘，只要熱愛生命，一切，都在意料之中。」在當今這個崇尚開拓創新的時代，誰不渴望把自己的能力展示給所有人欣賞？所以，無論在工作還是生活中，都應該勇敢地去嘗試，嘗試了，不論是成功還是失敗，我們都能得到磨煉，從而讓自己更加堅毅和剛強。做一個勇於嘗試的人，如果對自己的工作和生活報以信心，那麼相信成果也不會讓我們失望。

跌倒後別急著站起來，不妨欣賞一下跌倒的地方

蔡光磊是一所大學的畢業生。在他尚未畢業的時候，曾借過一筆創業資金，成立一家電子公司。當時他召集了幾位在電腦方面擁有專業技術的在校生和他一起創業。可是由於缺乏經驗以及對於市場的不了解，公司的生意一直很冷清，其他幾位助手也一個個提出辭呈，過了沒多久以後，便黯淡收場。

沒過多久，蔡光磊開了一家專營電腦器材的小公司，但公司的營運並不如他想

像的那樣一帆風順，蔡光磊的公司仍然無法前進市場，沒過多久時間，蔡光磊的公司再次歇業。

經歷了兩次失敗，蔡光磊已經欠下一筆債務。在學校時的他，就有股倔強的脾氣，他總是不肯輕易認輸，現在的他亦是。於是蔡光磊憑著自身的毅力，接二連三地在新竹科學園區創辦了數間與電子相關的公司，然而迎接蔡光磊的並不是徹底的成功，而是無數的失敗。

面對困難，蔡光磊感到十分絕望，不知如何是好。直到有一天，他沮喪地將自己的創業經歷講述給了自己的大學導師聽。導師耐心地聽完了他的傾訴，並沒有馬上發表自己的意見。而是給蔡光磊講了一個小故事：

有一個旅行者，他在長途跋涉中突然決定改變原本的路線，打算抄近路前往目的地。可是讓他沒想到的是，當他穿越那片看似很平坦的草地時，卻不知被什麼東西給絆了一下，摔了一跤。當時，他並沒有很在意，而是從草地上爬起來，摸了摸有點痛的膝蓋，繼續前往自己的目的地。可是，還沒走多遠，他再一次被絆倒了，這一次跌倒讓他狠狠地摔了一跤。這時的旅行者，不禁感到有些奇怪，到底是什麼東西絆倒自己呢？他躺在那裡，並沒有急著重新站起來，而是一邊揉著自己受傷的腿，一邊仔細地看了看腳下的草地。

原來，絆倒自己的罪魁禍首是一個草環。這些植物是叢生的，這種植物往往能用極柔韌的枝蔓編織成一個個很隱蔽的草環。行人經過時，要是稍不留意，就會被絆倒。當他看清了身旁的這一切時，便坐了起來，向四周看去。而這一看不禁讓他大吃一驚，因為就在前方不遠處，有一片被草地所掩蓋的沼澤。

於是旅行者趕緊回到原本的路上，他開始慶幸跌倒這件事，更慶幸自己在第二次跌倒後沒有忙於趕路，而是看了看周圍的環境，才能看清楚真正害自己跌倒的原因。

導師的話說到這裡，蔡光磊也明白了導師的用意。他站起身來，向導師深鞠一躬，並且真誠地說道：「老師，謝謝您用這個故事來啟發我，我明白了，以後我會多加注意的。在每次跌倒後僅僅想到趕緊爬起來，這樣做還是遠遠不夠的，還必須知道自己到底是為什麼跌倒的，弄清楚原因才能在以後吸取經驗教訓……」

幾年過去，蔡光磊已是一家大型企業的領導者了。在談及自己創業的種種坎坷經歷時，蔡光磊說讓他感受最深、最難以忘懷的就是導師為自己講述的小故事。也正是那個小故事啟發了他，讓他明白了以前很長時間都沒有明白的道理。

是的，生活在這個世界上，誰的一生能總是一帆風順，誰能不遭遇各種各樣的挫折和失敗？可是能夠不向困難和挫折低頭的人，勇於從失敗中重新崛起的人，固然值得我們敬佩，可是當跌倒後，能認真觀察周圍的環境，善於冷靜分析和總結自己失敗原因的人則更是我們學習的楷模。因為他們能真正弄清楚究竟是什麼東西讓自己跌倒，從而避免在路上犯同樣的錯。所以，要想成功，擁有信心、熱情和耐心遠遠不夠，還要擁有清醒的頭腦和理智的經營。

目標要專一，不要輕言放棄

在亞馬遜河流域，生長著大片的森林和草地。一群羚羊正在草地上吃著青草。這時，一隻飢餓的獵豹發現了羚羊群，便從遠處向這群羚羊慢慢靠近。

獵豹走得很慢，深怕驚動了羊群。漸漸地，獵豹距離羚羊越來越近，就在這時，羚羊有所察覺，開始四散逃跑。獵豹則像箭一般飛速衝向羚羊群。牠的眼睛鎖定了一隻未成年的羚羊，奮起直追。

受驚的羚羊飛速狂奔，而獵豹則窮追不捨。在追與逃的過程中，獵豹路過了一頭又一頭觀望的羚羊。可是獵豹的目標一直很專一，牠沒有選擇那些更容易到手的獵物，而是朝著那頭未成年的羚羊瘋狂追趕著。就這樣，一段時間後，那隻羚羊已經累了，獵豹也累了，在最後的時間裡，最後就是憑著僅剩的速度和耐力。最後，這隻未成年的羚羊仍成為獵豹的盤中飧，無法倖免於難。

當肉食性動物鎖定要追擊的目標時，總會傾向追擊於較無抵抗力或年歲漸長的獵物，並且一旦鎖定目標，都不會輕易放棄。理由很簡單，若是中途放棄了原本的目標，便會前功盡棄。不但無法順利捕獲目標，過程也因損耗大量的體力，要繼續追捕其他目標也會更加困難。也許，此類普遍現象是食肉性動物代代相傳的生存本能，但是這種本能卻很值得人類在思考和解決問題時借鑒。

這告訴我們，在日常生活中遇到問題時，應該將目光集中在一個目標上，要養成目標專一的習慣。美國有句諺語說：「人只要專注於某一項事業，那就一定會做出使自己都感到吃驚的成績。」如果一個人專注於一件事，就能調節自己的思維，容易接受大量對自己有益的資訊。也就能從外界吸收更多的精華，充實自己，將自身能力強化，變得更有實力。

當一個人全心全意投入在工作中而無法注意到外界的改變或時間流逝時，那代表這個人的心思全發揮在了工作上，有了這樣的精神和態度，事半功倍的機會也相對變得更多。

有一天傍晚，法國著名的科學家安培獨自一人在街上散步。突然間他的腦袋裡想起了一道題目，正好路的前方有一塊「黑板」，於是他從口袋裡拿出了粉筆，在「黑板」上演算了起來。而讓他奇怪的是，不知什麼原因，「黑板」竟然開始向前移動，甚至愈走愈快，這時候的安培才發現街旁的人都朝著自己哈哈大笑。這時的安培才終於注意到，原來剛才自己用來演算題目的「黑板」，是一輛黑色馬車的車廂背面。

另外一次，安培正準備前往一所大學授課。去學校的路上，他一邊低著頭走，一邊思索著自己在研究時碰到的問題。無意間他看見路上的一塊小石頭，形狀奇異，顏色也與眾不同，他覺得這塊石頭長得很奇特。於是，便俯下身子把小石頭拾了起來。安培拿著小石頭思索一會。突然，遠處的鐘聲敲響了，他這才想起來自己還要去授課。他急忙掏出懷錶一看，果然，上課的時間馬上就要到了。他趕緊加快步伐，大步向學校走去。可是腦海裡還想著剛剛的問題。正巧，安培走到了一座橋上，想起那塊小石頭，然而他卻將握有小石頭的那隻手放進口袋，另一隻手將懷錶往外一拋，那枚懷錶就這樣被拋進了河裡。

一位著名的科學家專注於自己的事業，這是值得我們去學習的。就是靠著這種專心致志的精神，安培在科學上做出了巨大的貢獻。所以，我們在日常生活中，要學會培養這種目標專一的精神。清除腦中那些容易使自己分散注意力、產生壓力的想法，從而讓自己的思維完完全全地融入當前的工作狀態，把自己的注意力集中在平靜的、我們能得心應手的事情上。這樣做，我們就會讓自己的人生道路越走越寬闊，越走越輝煌。

自我安慰，勇敢前行

有這麼一則寓言，述說著有一群狐狸看到幾棵葡萄樹，走到樹下時才發現葡萄架很高，無法吃到葡萄。於是，第一隻狐狸安慰自己說：「這些葡萄很酸，我不愛吃。」說完就離開了；第二隻狐狸發誓吃不到葡萄絕不罷休，於是在樹下一次又一次地往上跳，結果不但沒吃到葡萄，還耗盡了體力，累倒在葡萄樹下；第三隻狐狸同樣想盡辦法，卻還是吃不到葡萄，於是牠開始遷怒農夫，責怪農夫把葡萄架得太高；第四隻狐狸因為吃不到葡萄抑鬱而死；第五隻狐狸精神失常，整天在嘴裡喃喃自語著：「葡萄真好吃、葡萄真好吃……」

很顯然，這群狐狸的選擇沒有一個是明智的。在面對吃不到葡萄這件事時，除了認為自己根本實現不了願望，或者只是抱怨，卻沒有一隻狐狸能正確地面對事實，安慰自己。

生活中，往往當事情成為定局而難以改變時，也許「精神勝利法」能幫助我們重新找回自信，讓我們再次揚起生活的風帆。這是一種自我安慰，有利於我們來控制自己的情緒。自己的情緒只有自己了解，也只有自己能主宰。透過改變別人，使別人合乎自己的意願，這種快樂是不可取的，也是不可靠的，有時還會陷入更複雜的情緒糾紛中。人生在世，只有自己才能調節和控制自己。只有勇於承認和接受現實，才不至於跟某人或某事過意不去，才能及時調整自己的心情，去思考如何解決出現的問題。

其實，轉移自己的注意力也是自我安慰的一個重要方面。當我們的消極情緒產生之後，要改變這種狀態，可以有意識地去找其他的事情做，藉以分散注意力，如讀書、閱讀報章雜誌、外出踏青、拜訪親朋好友、種植花草等等。總之做一些自己熱衷的事。等到可以積極控制自己情緒的時候，就掌握了自己的命運。做情緒的主人，成為自己的主人。

生活中，誰不想在自己失意時得到別人的安慰？誰不想在朋友、親人失意時去安慰他們？可最重要的是要學會自我安慰。這是心理防衛的一種方式。人生不如意事十之八九，在人生旅途上，並不會事事順心，經常會有不如意之事同行。譬如罹病、失業、失戀等，這一切都會讓人的心態失去平衡，這樣不但會為生活和工作帶來影響，也會對身體健康造成損害。這時，我們就需要透過自我安慰來調整自己的心態。以下介紹幾種自我安慰的方法：

第一，透過轉移注意力進行自我安慰。心理研究認為，當人的心情煩躁、抑鬱時，思維就很容易變得封閉、狹隘，甚至走上絕路。所以，當處在煩惱中時，要避免「無止盡地」一直去想，要是一味地想著它，這種煩惱總是在腦海中翻騰，使自己陷得更深，無法擺脫。具體來說，當自己心情不快樂的時候，可以去嘗試著做一些感興趣的事，比如看一部自己喜歡的電影，或閱讀一本小說，在時間的流逝中，那些煩心事就會漸漸在腦海中淡化，苦悶也會逐漸減弱，心情也會隨之而開朗。此外，運動也可以轉移我們的注意力，改善不良情緒。

第二，透過運用適度的精神勝利法進行自我安慰。精神勝利法是魯迅的小說《阿Q正傳》中主角經常使用的方法。他被假洋鬼子毆打，自己也無法贏過對方，無奈之下只好以「兒子打老子，我不和你計較」之類的話來安慰自己。適度的精神勝利法能很好地調整心態，在生活中，人們有意無意地就會用到這種「精神勝利法」。比如事業受到挫折時，或是失去暗戀的人、交往的人等等，可透過不同角度的出發點，避免讓自己更加難過沮喪。

第三，透過轉換角度進行自我安慰。仁者見仁，智者見智。對於一件事情，所處的角度不同，得到的結論就會不同，心情也會有所差異。生活中，每件事情都會有積極的一面，也會有消極的一面。當人不開心時，若是只看消極的一面，心情便容易低落。此時能換個角度思考，看到事情積極的一面，也許心情會豁然開朗。

學會自我安慰，讓自己多一點快樂，少一些煩惱，何樂而不為？

面臨困境，照樣可以快樂

一位詩人曾經說：「只有受過寒冬的人才感覺得到陽光的溫暖，只有在人生戰場上受過挫敗、經歷過痛苦的人才知道生命的珍貴，才可以感受到生活之中真正的快樂。」沒錯，困境能讓我們堅強，能鍛鍊處理問題和思考問題的能力。可是，面對困境，有的人能積極樂觀，照樣奮鬥，順利突破難關；而有的人卻垂頭喪氣，一蹶不振，甚至終生碌碌無為。

俄國著名作家托爾斯泰在散文《懺悔錄》中，講述了一則故事。一隻飢餓的老虎看見一位男子，於是老虎開始追殺這位男子。驚慌失措的男子拔腿狂奔，最後因為過於緊張而未注意前路狀況，一個失足就掉下了懸崖邊。而就在掉下懸崖的過程中，他抓住了懸崖壁上的樹枝。這時，男子向上望去，剛才那隻老虎仍盯著自己。再低頭俯視，懸崖底部還有一隻老虎，早已垂涎三尺地注視著他。最令男子擔心的是，竟然還有兩隻小老鼠正啃著男子緊緊抓住的樹枝根部。

這時的男子是多麼絕望與害怕。然而他突然看見不遠處有一些草莓，外表鮮紅，看起來美味可口，只要一伸手就可取得。於是，男子伸手摘了幾顆草莓，放到嘴裡。「好甜啊！」他忍不住讚嘆道。

當悲痛、絕望、不幸和災難逼近我們的時候，我們是否還能「享受草莓的甘甜滋味」呢？美好的環境使人心情愉悅。但是在挫折、危難中的時候，我們的心情往往和環境一樣壓抑、緊張，毫無快樂可言。任何人都有一份屬於自己的財產，那就是快樂、憂傷、痛苦、滿足、失落，這是誰也不能分享的。所有的一切都是自己心靈的寫照！也許有一天，人會一貧如洗，只能過著粗茶淡飯的日子，也許有一天會不幸罹患重大疾病，使人絕望，哀嘆上天的不公。但可曾想過，有些人或許過著比自己更苦更難熬的日子！有人深陷死亡的邊緣，卻依然垂死掙扎著！痛苦的時候想想那些快樂的事情，傷心的時候想想那些愛你的人！苦中作樂才是快樂的最高境界！

在困境中，相信「山重水複疑無路，柳暗花明又一村」，相信未來會出現轉機的人們，並不受限於眼前所看到的困境，他們會樂觀地看待周圍的一切，在絕望中抓住快樂。

在第二次世界大戰期間，一位女士在盟軍祝賀取得戰役勝利的那天，收到了一份電報。她從電報的內容得知自己的姪子在戰爭中犧牲了。這位姪子是她最疼愛的一名親人。面對姪子死去的噩耗，她不相信這是真的。於是，她打算放棄現有的工作和生活，在悲傷和孤單中度過剩下的時光。

那天，當這位女士在收拾東西的時候，突然找出一封信。她想起當年母親去世，姪子為了安慰自己，就寫了這封信：「親愛的姑姑，請妳相信我，我知道妳一定會撐過去的。妳曾經教導我的話，我永遠銘記。妳曾對我說，不管走到什麼地方，不管遇到什麼磨難，都要學會以一顆勇敢的心去面對生活。妳的微笑，給了我堅強，給了我很大的力量。」

這位女士被信件的內容打動了。讀著讀著，就好像姪子就在身邊一樣，彷彿對她說：「姑姑，妳是最堅強的，相信我，要好好地生活。」

於是，在這封信的激勵下，她決定不離開了。這位女士安慰自己：「我應該好好生活，用微笑來面對生活。雖然我沒辦辦法改變現實，但我有能力改變自己對生活的態度。一切還要繼續，我會好好努力。」

有一首歌的歌詞指出，人生有路，路就必然不平，充滿了曲折坎坷，有成功的喜悅，也有失敗的打擊。這時候，能用平和的心態來看生活給你的一切，快樂地面對失敗。黑夜並沒有什麼可害怕的，黑夜中孕育了黎明。

人的一生不可能總是一帆風順，正視生活，快樂面對，當我們微笑著面對挫折，當我們微笑著面對磨難的時候，我們會發現原來挫折與磨難並不可怕，可怕的是我們沒有笑著去面對的勇氣，當我們鼓起勇氣微笑著面對坎坷崎嶇的人生時，所有的艱辛與困苦都會在我們的微笑中慢慢消失。給自己一份自信與快樂吧，讓我們的笑容燦爛如花。

有這麼一句話：「事情是這樣就不會是那樣。如果我們身陷在痛苦中不能自拔，只會越陷越深。要走出痛苦，就得靠我們自己先改變自身的思想，換個角度。要學會感受現在，把握今天，憧憬未來，我們就要做到：翻過舊的一頁，放手過去，開始新的生活。」

當我們向世界微笑時，世界也在向我們微笑。生活雖說有無數迂迴曲折，但並不影響它的美。生活就是這樣的，當自己想像著美好的事情，那麼就會找到快樂，走向成功；如果我們總是想著失意的事情，那麼就會走向絕望的深淵。

第三章　你的心態，關乎效果

每天都充滿熱情，每天都給自己希望

熱情是黎明前的第一縷希望之光，熱情是一種追求更有價值的生活的強烈願望，是一種充滿樂趣並且不斷追求快樂的生活方式。如果生命中缺乏了熱情，生活就會變得失去了光澤。

有熱情的人，每天對他來說都是一個全新的開始！而不是把今天當成是昨天的延續。倘若我們每天清晨充滿熱情地面對，那麼在這美好的一天裡肯定會有所作為；倘若長期堅持下去的話，肯定就能為自己創造一個美好的人生。熱情的力量是無限的，對工作、對生活充滿熱情的人，他們的生活便會繽紛多彩，事業也會蒸蒸日上。

在熱情的推動之下，生命會綻放異彩；相反，如果沒有熱情，即使再有能力的人也發揮不出自己的實力。那些沒有熱情的人，不論是在工作還是生活上，都無法出色。他們很容易就會被生活抹去鋒芒，一蹶不振；而有熱情的人，在歲月的磨礪中會發揮出更多的可能性。所以，我們要明白：只要對生活、對工作充滿熱情，人生就會有無數種可能。

人生的成就和自己對工作的態度有著密不可分的關係。要是能將工作中的困難當作是對自己人生的挑戰，並且懷著高度的熱忱，全身心地投入到工作中，不久，奇蹟就會悄然出現。要是能以飽滿的熱情去面對工作和生活，我們會發現原來一切都是那麼簡單。

熱情是風，有了它帆船才能航行於茫茫大海；熱情是成功的催化劑，有了它事業和工作才能有所起色；熱情是創新的溫床，有了它才能孕育出創新靈感和動機。沒有熱情的人，就像一塊沒有經過雕琢的玉，它的璀璨和魅力只能被埋沒。

有人說：「有史以來，沒有任何一項偉大的事業不是因為熱忱而成功的。」這就告訴我們，渴望事業成功，就需要自己全身心地投入，而想要全身心地投入，就要依靠熱情的力量。要想成功，飽滿的熱情更是多多益善。

在一次宴會上，一位官員對比爾蓋茲說：「我在參觀您的企業時，覺得每一個員工對自己的工作都非常努力，心態也都很好，過得很快樂。我想知道您的企業是如何將這樣良好的風氣創造出來的？」比爾蓋茲聽了回答說：「我們需要的是員工對開發程式的熱情，若是這個人真的抱有熱情，願意以自己的熱情去對待工作，那麼我們就錄用他。這就是我們錄取的前提。」

有首詩內容寫道：「自信就年輕，畏懼就年老；信仰就年輕，疑惑就年老；希望就年輕，絕望就年老；歲月刻蝕的雖然是你的皮膚，但如果失去了熱情，你的靈魂將不再年輕。」每件事情，不論大小，若想要取得成功，都需要有足夠的熱情。一旦沒有了熱情，就像沒有動力的汽車，需要推著走，不但吃力也寸步難行。

為什麼生活中有很多人說自己很鬱悶、很無聊，究其原因就是因為他們缺少熱情，在這些人眼裡，不論是生活、學習還是工作，這一切都讓他們覺得很累，甚至累得他們喘不過氣。那我們如何才能堅持下去呢？很顯然，熱情是最好的助手！

當我們感到盲目時，就要靜靜地思考，想想自己到底需要什麼。要自由？要愛情？還是要得到別人的尊重？若要讓自己朝著目標明確地前進，就要在設立了目標以後不要猶豫，闊步向前；倘若還沒有目標，就必須好好思考，把自己的目標具體化或明確化。否則，就只能隨遇而安，人云亦云，什麼事情都做不成。

總而言之，時不我待。不管我們打算走什麼樣的路，時間都會流逝，既然如此為什麼不充分利用自己的時間呢？無論是在陽光下，還是在暴風雨中；無論面對平坦的大道，還是荊棘叢生的荒原，都要保持住那份熱情，讓自己始終積極向上。

心態對了，狀態就對了

當你面對半瓶水的時候，會怎麼想呢？是想著「真糟糕，只剩下一半了」，還是想著「還有一半」呢？當你面對玫瑰花的時候，會怎麼形容？是「花下面全是刺」還是「刺上面是花」呢？

這就是兩種態度完全不同的人。前者是悲觀主義者；後者是樂觀主義者。生活能讓心態好的人好上加好，也能讓那些悲觀者雪上加霜。樂觀主義者看到半瓶酒想到的是還剩下一半，他們樂觀進取；悲觀主義者想到的是只剩了一半，他們悲觀消極，不思進取。

對我們來說，不管是樂觀態度還是悲觀態度，都對我們的生活產生影響，那麼態度對人的影響到底有多大？

美國的醫學專家曾做過這樣一個實驗，他們讓患者服用一種藥劑。此藥劑呈粉末狀，用水、糖和其他成分配製而成的。如果患者對此款藥劑持樂觀態度時，治療效果就比較明顯。但其實這種藥劑對患者的病情並沒有什麼作用，因為裡頭不含任何藥物成分。醫生們只是對患者說：「這是最好的藥，療效很好。」結果服用此款藥劑後，幾乎百分之九十患者的病情大大減輕，甚至痊癒。

看似不可思議，其實很簡單，主要就是樂觀心態所產生的作用。所以，積極樂觀才是成功者的思考方式！成敗取決於我們的心態。不管我們遇到什麼樣的困難，不管我們的處境有多艱難，都應該擁有一顆上進的心，將我們最堅強的一面展現給生活。

積極和樂觀之所以重要，主要是因為我們生活的這個世界並不是我們希望的那樣完美，我們的人生道路是複雜、易變的，當然逆境也不可避免：失敗、挫折、困難、痛苦、障礙、低潮、憂慮等，太多的不如意會像風雨一樣，猝不及防地進入我們的人生裡！任何事業的成功都不可能一帆風順，甚至些微的發展和進步都需要戰勝許多困難，解決許多問題和矛盾，需要付出艱辛的努力，在這個過程中，難免迷失、難免失敗。而沒有失敗就不會有成功，不克服困難和失敗，就不能到達成功的目的地。這個時候，只有樂觀主義者，只有持肯定性人生觀的人，對事物有積極反應的人、才能越過障礙，借此契機取得進步！

而悲觀和消極，則會葬送一切——哪怕天資聰穎，但若是只能看到消極的一面，那我們終會失望和頹廢，最後放棄努力，一蹶不振。悲觀和消極對於我們來說是魔鬼、是疾病；而且是有傳染性的可怕疾病。它不分年齡、不分種族、不分血統、不分膚色，可以影響所有人！

我們的悲觀，會在我們的身體內部逐漸擴散，進而影響其他的組織器官。下面這個故事可以證明這一觀點。

一位搬運工人，因意外而被鎖在了一個冷凍車廂中。他一直告訴自己，要是不能出去，一定會被凍死。大約二十小時後，車廂門被人打開了。但車廂裡的工人已經不幸往生了。然而醫生判斷，確實是因凍身亡。但當相關人員檢查時才發現，冷氣開關從未打開。而那位工人的悲劇，正是因為自己認定人在冷凍的情況下是生存不了的。所以，一個極度悲觀的人處在極端的情況下，很容易走向死亡。

一個樂觀的人能夠在沙漠中極力尋找生命之水，而一個悲觀的人卻因看到晴天的絲絲陰雲而黯然神傷。快樂和悲傷只有一步之遙，成功和失敗只是一念之差。樂觀的人總有希望，悲觀的人總是失望。

所以，在日常生活中，我們應該改變自己不良的心態，不斷用良好、清潔的資訊來充實我們的心靈，讓樂觀積極的心態滲入我們的潛意識，經過一段時間以後，無論遇到消極還是積極的情況，我們的心靈都能自動地、本能地作出樂觀積極的反應。我們應該時時刻刻都保持這種狀況！這是一種境界，這是走向成功不可缺少的生存方式。

只要自己不言敗，就不會有失敗

對我們每個人來說，其實最難戰勝的敵人並不是其他人，而是自己。當我們遇到困難和挫折的時候，如果失去了鬥志，自認失敗，那就是真正徹底的敗了，而要是我們能戰勝自己，永不言敗，就算身在困境，也能找到成功的機會。

有個人因病造成中樞神經嚴重受損，肌肉嚴重萎縮，全身癱瘓。他不能行動，不能寫字，就連說話也支支吾吾。然而這個人卻坐在輪椅上，對整個物理學界做出了不可磨滅的貢獻。他憑藉一個小書架、一塊小黑板和一個助手，竟然在黑洞爆炸理論的研究中，取得了一系列的重大成就。看到這裡你一定會感到驚奇，然而，這卻是不容置疑的事實，他因此而榮獲了物理學界有著最高榮譽的愛因斯坦獎。

他就是著名的物理學家史蒂芬．霍金。更有趣的是，作為一個研究天體物理學的專家，他從不用天文望遠鏡，卻依然能告訴我們許多有關天體運動的祕密。而且在全身癱瘓的情況下，他依然每天都前往劍橋大學的工作室，致力於研究工作。

霍金的獲獎，表明他的成就得到了學界的公認，這是一件極其不容易的事，而對霍金這樣全身癱瘓的人來說就更不容易。他取得的成就，就是對那些體魄健全、研究工作條件一流的理論物理學的研究工作者來說，都是很難做到的。所以，不論自身的生存條件如何，切莫自暴自棄，要避免懷著一顆自卑的心，相反地，更要鍥而不捨地去克服遇到的一切困難，最大限度地發掘出自身的特長，一步一腳印地朝著自己人生的最高目標不斷前進！

無論出現什麼情況，即使身體因病而殘，但只要大腦依然健康地運作著，我們就可以製造出不可限量的人生希望和潛力，在這樣的情況下，就不存在不能克服的困難。所以，我們還有什麼理由不去充滿信心地生活呢？

有一位美國人名叫傑森。他的家庭環境十分糟糕，父親是個猶太人，對天主教徒十分排斥，而母親卻偏偏是個天主教徒，且他母親卻又十分排斥猶太人，所以兩人常常吵架，互相辱罵。在傑森小時候，母親經常威脅著要自殺，當母親生氣的時候，順手拿起東西就毆打傑森。從小生活在這樣的環境裡，傑森的身體十分瘦弱且性格膽小。

傑森就讀高中時，有一次體育老師帶著學生到操場教導擲標槍。原本性格膽小且身形瘦弱的他，舉起標槍往前拋擲，沒想到竟一次就超越過了其他同學的紀錄。就從那一刻起，傑森終於對自己有了一個全新的認識。於是在後來的日子裡，他勤奮練習，盡情發揮自己的興趣與實力，也順利成為一名優秀的擲標槍選手。成名之後的傑森接受媒體採訪時，他回憶道：「就在那一天我才突然意識到，原來我也有能比其他人做得更好的地方，當時便請求體育老師把那支標槍借給我，那年夏天，我就在運動場上擲個不停。」傑森發現了未來的志向，且他也奮力拚搏，終於取得了驚人的成績。

那年暑假結束返校後，傑森的體能已經比之前有了很大的提高。為了讓自己的身體素養得到更進一步的提高，在隨後的一整年中，傑森特別加強重量訓練。幾年的辛苦訓練，他的身體素養和擲標槍的技能都得到了很大的提升。在高三的時候，傑森參加了一次全國性的比賽，結果他擲出了全美國中學生最好的標槍紀錄，這是他人生道路上首次取得這麼高的榮譽。此後，他便正式加入了運動員的隊伍，成了一名專業運動員。

然而天有不測風雲。在一次訓練中，傑森因訓練力度過大而嚴重受傷，不得不去醫院做檢查。醫生給他做了檢查後，遺憾地對傑森說，他已經不能再做運動員了，必須永久退出田徑場。沮喪的傑森只好帶傷退休，可是為了生計，他又不得不到一家工廠去擔任卸貨工人。

直到有一天，傑森被好萊塢的星探發現了，在經紀公司的帶領下便進入了影視圈。從一開始做演員，到後來做導演，直到後來的製片，他的人生事業就此一路展開。

有句話說，上帝在給我們關閉一扇門的同時也打開了另一扇窗。沒錯，傑森原先的目標是在田徑場上發展，在這個目標的促使下，他的體格強健了，而後來離開田徑場的打擊又磨練了他的性格。而這些經歷都為他在日後走進影視圈打下了基礎。傑森一路走來，是何等的不容易。可是，他從來沒有放棄，而是一直堅持了下來。

我們在生活中，雖然有時沒有達到所期望的目標，可是只要方向對，就不要輕易放棄，選擇堅持下去，不斷為之努力必將能取得勝利。不論我們的生存條件如何，都不應該磨滅自身潛藏的智慧。既不要自卑，也不要被自己打倒，更不要輕易言敗，我們應當志存高遠，立志爭氣，這樣才能有到達成功彼岸的機會。

心向著太陽，就能「開花」

人生的成敗往往是人們的心態造成的。一個心態積極向上的人，總會看到成功的希望，所以他們就會不斷地向著自己的目標努力，最終也一定會看到成功。

心理學研究認為，如果一個人具有什麼樣的心態，那麼他就會成為什麼樣的人，也就會擁有一個什麼樣的人生。世間的事情往往是這樣的，如果我們相信會有什麼結果，那就可能出現什麼結果。這說明我們可以透過變更自己的心境來改變我們的生活。倘若人的心是向著太陽的，那麼就一定會開出美麗的花朵。

我們來看看這樣一個故事。二戰時，艾麗絲的丈夫要到位於沙漠中心的陸軍基地去駐守。為了能和丈夫相聚，艾麗絲也搬到了距離丈夫不遠處的地方居住。然而當地的居住環境實在是太糟糕，當丈夫參加演習時，她只能一個人待在房子裡。氣溫特別炎熱，身旁也沒有一個可以談話的人，風也特別大，到處都充滿了沙子。

艾麗絲覺得自己十分不幸，她不禁同情自己，於是她寫信給父母，告訴他們自己準備放棄這邊的生活，她認為自己再也不能忍受這裡的生活了。後來她收到了父親的回信，雖然這封回信只有三句話，可是正是這三句話卻讓她終生難忘，也正是這三句話改變了艾麗絲的一生：「有兩個人從鐵窗朝外望去，一人看到的是滿地的泥濘，另一個人卻看到滿天的繁星。」

看了父親的回信，艾麗絲受到了不小的啟發。她決定找出自己目前處境的有利之處。於是，她便開始和當地的居民交朋友，和當地人的關係發展順利，且慢慢變得熟絡，並且發展出自己喜好編織和藝品的興趣，生活開始有了重心。

是什麼讓艾麗絲的生活發生了如此驚人的變化呢？沙漠並沒有改變，而發生改變的只是她自己。因為心態變了。也正是有了這裡的生活，有了這次的改變，所以艾麗絲的人生便多了一次精彩的經歷。也正是這次經歷，為她後來小說的創作提供了大量的素材……

艾麗絲的故事告訴了我們這樣一個道理。人們可以透過改變自己的心境來改變自己的人生。由此可見，良好的心態對我們來說是何等的重要。環境沒有改變，改變的是一個人的心態。同樣的環境，卻能造就兩個完全不同的人，如果改變了一個人的心態，很可能就會改變了這個人一生的命運。

一位心理學家曾經說過：「我們這一代人最重大的發現就是，人能改變心態，從而改變自己的一生。」的確，人生的成功與失敗、幸福與坎坷、快樂與悲傷，之所以會有所不同，其實有相當一部分是由自己的心態造成的。倘若人生是一場牌局的話，人們的心態總能影響到牌局的輸贏。而一個人的心態要是積極向上，即使他目前處在逆境中，也一定會等到贏牌的時刻。

想做對事，切勿浮躁

俗話說「心急吃不了熱豆腐」。沒錯，做人做事都應該懂得一步一個腳印地向前走。成功人士之所以能創造出讓人羨慕的事業，就是因為他們時時刻刻都在提醒自己，做事千萬不要浮躁，只有實實在在地行動才可能讓自己的人生變得有價值。浮躁的心只讓我們看到了利益的誘惑，卻讓我們失去了清醒的頭腦，這樣行事往往會事與願違。只有我們扼制住自己的浮躁心態，踏踏實實做人，實實在在做事，才能達到自己的目標。

有一個射箭高手，他的射箭功夫可謂達到了爐火純青的地步，且有百步穿楊的本領。據說連動物都知道他的本領。有一次，兩隻猴子在一棵樹上爬上爬下，玩得很開心。一位獵人正瞄準牠們，可是猴子依然不慌張，還對獵人做鬼臉，蹦跳自如。這時，那位射箭高手從旁邊路過，他看到這種情況後，從獵人手中接過了弓箭，猴子見狀便驚慌地分散，趕緊跑到樹林深處去了。

除此之外，有一個人很仰慕這位射箭高手的技術，決心要拜他為師，經幾三番幾次的請求，射箭高手終於同意了。然而射箭高手並沒有急著給他傳授射箭的技巧。而是交給了他一根很細的針，讓他放在距離眼睛幾公尺遠的地方，整日盯著針眼，這位徒弟一連看了兩三天，很不解地問師傅說：「師傅，我是來學射箭的，可您為什麼要我做這些莫名其妙的事，什麼時候教我學射箭呀？」射箭高手說：「這就是在學射箭啊，你繼續看吧。」聽師傅這麼一說，徒弟也不得不繼續看下去。可是開始的時候表現還好，過了幾天，他便有些煩了。他心想，我是來學射箭的，看針究竟能看出什麼呢？這個師傅該不會是在敷衍自己吧？

這樣過了幾天後，師傅開始教他練臂力的技巧，首先讓他一整天在掌上平放一塊石頭，伸直手臂。然而這次徒弟再也忍不了了，他認為自己的師傅只是在玩弄自己，浪費時間而已，於是盛怒之下丟下了石子，逕自揚長而去，而這位射箭高手也並沒有阻止他，只是感到可惜。

其實，若是這位徒弟能腳踏實地，願意一點一滴從頭做起，射箭技術肯定會很精湛，可是他沒有堅持下去，一心想著早點學習射箭，這樣的態度很顯然就是急功近利，所以，到最後他一事無成。無數的事實證明，我們想要成為一個成功人士，就需要一步一個腳印地往前走，要腳踏實地，從最基本的事情做起，這就好比我們建造房子一樣，只有把基礎打扎實，上面的主體才能完成，大樓才會蓋得既牢固又高大。

我們應該時刻保持清醒的頭腦，那些再大的氣球也飛不上月球，浮華的表面是很容易被戳破的，內心的充實才是永遠的財富。所以，我們應該在工作和生活中不斷地充實自己，踏踏實實地去做每一件事，總有一天，成功會光顧我們。

自我定位適當，成就美好人生

愛爾蘭有一位哲人說過一句名言：「征服世界的將是這樣一些人。開始的時候，他們試圖找到夢想中的樂園，最終，當他們無法找到時，就親自創造了它。」在大多數人眼裡，職業是生活的一個重要組成部分。它就像是一位好朋友或一位合作夥伴，雖然存在，又不一定在眼前。結識它既需要機遇，也需要自我定位和自我奮鬥。

我們每個人首先都要學會認識自己，對自己的能力和興趣愛好有個透澈的掌握，明確自己的底細，給自己打打分，看看自己有哪些優勢和劣勢。深入瞭解自身情況，根據自己累積的經驗，對自己未來的工作作出選擇和推斷，從而徹底解決「我會做什麼、我想幹什麼」的問題。只有結合自身的實際情況、順應社會的發展潮流，適當取捨，才能走向成功。人與人之間必然是不同的，所以我們要找出自己的特長並發揚光大。亮出自己獨特的招牌，把自己的才華更好地展示給我們周圍的人。我們一定要對自己進行全面、客觀、深刻地認識和分析，任何缺點和短處都不要迴避。

有三個年輕人，他們靠搬石頭為生。一天，有人問：「你們在做什麼？」一個年輕人回答說：「我搬石頭，以此養家糊口。」另一個則回答說：「我在蓋房子。」而最後一個回答說：「我正在規劃美麗的宮殿。」數年後，第一位碌碌終日以求溫飽，第二位雖然過上了衣食無憂的生活，可是也沒有取得突出的成績。而第三位則成了遠近聞名的建築設計大師。

同樣一起工作，自我定位不同，三個人的未來各不相同。有信心，自我定位高的，取得了巨大的成就。而只顧眼前，沒有長遠發展眼光的，自我定位低，也就始終做不出大的成就。

可見，一個人要想取得成功，就必須做好自我定位，找到個人能力和職業的最佳結合點。現在人們開發出很多測試工具可以幫助找出自己的位置，比如一些知名企業在招聘員工時要對求職者做個性測試。透過個性測試，可以明確分析出每個員工到底適合什麼崗位，把不同個性的人放在他們最合適的崗位上，才能發揮出他們最大的潛能。若一個企業讓一個喜新厭舊的人負責生產流水線，那這個人便容易對公司政策感到不滿，對工作也不認真。但讓他去開拓一個地區的新市場或者做創意方面的工作，他可能會做得很出色、廣受讚譽，這是因為他總能提出自己的新觀點和看法。

要給自己做一個合適的定位，更多的時候還是要靠自我發現。

著名漫畫家朱德庸二十五歲時紅遍整個臺灣，其作品廣受大眾青睞。可是，小時候的他認為自己非常愚笨。十幾歲的時候，他發現自己對文字反應遲鈍，但對圖形很敏感。於是他就開始練習畫畫。在學校裡或回到家裡都在畫畫，書本和作業的空白處都畫得滿滿的。要是在學校受到了哪個老師的責備，一回到家就開始畫這名老師的畫像，狠狠地畫，直到畫出各種不同的造型來醜化老師，讓責備他的老師變得非常難看。後來有一家雜誌媒體發現了他的優勢，於是邀請他加入，並開設了漫畫專欄。因為朱德庸給自己的定位十分準確，所以成了一位優秀的漫畫家。

你給自己定位什麼，你就是什麼，定位能改變命運。做好自我定位還要學會放棄。歌星姜育恆能走紅大江南北，是他在音樂上找到了自己的定位，一曲〈再回首〉讓他名聲遠揚。當他下海經商時，卻大大虧本，遭遇慘敗。這說明，他當初對自己的定位是正確的。一位擁有博士學位的高層次人才，之所以沒有取得事業的成功，就是因為他對自己的定位不準確，不知自己究竟適合在哪個方面發展，所以頻繁更換，沒取得任何成功。

我們要找出自己的位置，就應拿出耐心來對待生活和工作，用慎重的態度對生活和工作中的事情做出選擇，世界上並沒有全能的人，每個人大約只能在一兩個方面取得成功。在這個競爭異常激烈的年代，只能將自己全身的能量融合在一起，向著最適合自己的領域全心全意地投入，才能描繪出燦爛的明天。

凡事都往好處想，一切神清氣爽

有位農夫意外獲贈一座農場。當他歡天喜地地來到農場時，眼前的一切使他感到陣陣失望。因為這裡的土質不好，不但不能種莊稼，而且連豬、雞等其他家禽也無法飼養。「這叫人怎麼生存？」農夫嘆了口氣，向四周望去，他只看見了仙人掌和響尾蛇，除此之外沒有任何動植物……

面對這種窘境，他的情緒驟然降至冰點以下，他消沉了一段日子。然而之後，不甘心的他要自己打起精神來，仔仔細細地想想……

有一天，一個念頭突然在他的腦海中出現：「我為何不用響尾蛇來提高農場的知名度呢？」於是這位農夫把計畫和朋友們分享，邀請他們一起規劃，誰知，朋友們都說農夫只是在做白日夢。但是，農夫並沒有因為朋友的不支持而放棄自己的計畫。相反，他將自己的想法付諸行動，一步步地朝自己預定的目標，全心全意地邁進。終於，經過一段時間的努力後，這座原本無人看好的農場，果真因響尾蛇而成了遠近聞名的觀光景點。這位農夫更因以企業化的經營手法，兼營皮件、罐頭等關於響尾蛇的副業，為自己的生活與生命開創了另一個全新的天地！

從這個故事中我們可以看出，任何事情，只要我們積極樂觀地看待，即使看似糟糕透頂，也會有一線轉機。當我們能徹底揮別自己心中的負面情緒，用積極樂觀的心態來看待生活，就能覓得另一條走向光明的道路。

一位老人在公園散步，他看見一位年輕的女孩在路邊的椅子上哭泣，她哭得很傷心。老人便問這位女孩為何事而哭。女孩告訴老人：「我失戀了。」然而這位老人聽了卻覺得很可笑。女孩則對老人的行為很生氣。老人對女孩說：「妳哭什麼？妳只是失去了一個並不愛妳的人，而對方呢，他失去的卻是一個愛他的人。他的損失比妳多這麼多，妳還傷心什麼呢？」

著名音樂家貝多芬曾經說過：「你的生活並非全都由生命所發生的事情來決定，而是由你面對生命的態度和你看待事情的心境來決定的。」我們雖然無法改變人生，但我們可以改變人生觀；我們雖然無法改變環境，但我們可以改變心情。

在生活中，不要總是因為失去而痛苦，而要善於掌握現在。與其沉浸在過去的失敗中，不如掌握現在。如果你的杯中正好有半杯咖啡，那麼，你不要因已失去的半杯而痛苦，而要為自己還沒有完全失去整杯咖啡而快樂。不論遇到什麼事情，都要善於向好處想，這樣，即使在暗淡的天日，你照樣能找到希望的曙光，為自己添加一份勇氣和力量。

凡事都往好處想，你會發現生活就是一種享受。每天在希望之中迎來日出，在滿意和從容之中送走晚霞。充分享受人生的點點滴滴，使生命的每一刻都發出光和熱。人生短暫，何不讓自己心情舒坦些，精神爽快些，心態積極些呢？

凡事都往好處想，你就會找出生活的角度，找到生命的意義，展現生活的魅力。人的一生，或因樸實無華而平凡，或因義無反顧而執著，或因轟轟烈烈而偉大，或因大起大落而悲壯。在前進的路上，我們要以積極的心態去面對生活，那種執著，那種風光，將帶領我們走向遠方。

凡事都往好處想，生活中遇到壓力和挫折，你也能找到希望。生活就是一個萬花筒，本來就有喜有憂、有笑有淚、有花有果、有香有色。在生活中遇到挫折也是必然的。只有擁有良好的心態，我們才能平靜，才能豁達，才能自信。生活中不盡如人意的事很多，凡事都往好處想，也許就會讓自己的心情柳暗花明，從而突出困難的重重包圍，邁向成功。

執著創造奇蹟，精神令人可敬

執著是一種堅定的性格，人生途中，擁有一顆執著的心，就可以創造出許多奇蹟。執著會使一個人更好地生存，並且在一個領域裡有所成就。

丹麥著名的童話作家安徒生就是一個很執著的人。他從小家境貧寒，沒多久就離開了學校。十四歲那年，安徒生第一次看到演戲，當時舞臺上演員那精湛的演技讓安徒生特別驚奇。於是，他產生了要當演員的想法。

安徒生前往哥本哈根，找到了當時的著名演員沙爾夫人，想拜她為師，卻被拒絕了。但是安徒生要當演員的強烈願望並未就此甘休，他決定求見時任皇家劇院經理的霍爾斯坦先生。安徒生來到經理的住所，霍爾斯坦先生起初以為他是個流浪漢，正打算施捨一些錢財，卻看出眼前的孩子好像有事想說，於是便又叫他坐下來。安徒生就把自己的願望告訴了霍爾斯坦先生，希望能得到他的幫助。

經理聽了安徒生的話後，把他上下打量了一番後說道：「你這身體太單薄了，完全不適合演戲，再說了，你也不會演戲啊！」安徒生聽了這話仍不肯放棄，反而主動建議說：「我喜歡演戲，只要您第一個月能給我一百塊錢就可以了，我會好好學習演技的。」安徒生的一番話讓經理惱怒，他覺得自己已經說得很清楚了，於是就把安徒生請走了。

後來安徒生迫於生計，就去做了木匠學徒。可是在那裡，他實在是受不了眾人的譏笑和老闆娘的侮辱，沒多久就離開了。這時的他，流落街頭，不知接下來自己究竟該做什麼。在街邊睡覺的時候，他把別人不要的報紙收集在一起，當作一條被子蓋在身上。天亮了，他又把這些報紙一張一張地疊起來。而在這些報紙上，他意外發現歌唱家西博尼家的地址，頓時，那股對舞臺的渴望讓他重新鼓起了勇氣，於是他便去了西博尼的家，請求西博尼收他為徒。

當他來到西博尼家的時候，家裡高朋滿座、名流如雲。在座的有好幾個著名的音樂家。安徒生被帶進了客廳，看見眼前這麼多的著名音樂家，他變得很拘束。西博尼先生鼓勵他冷靜下來，為大家唱一首歌。

於是，西博尼為他做鋼琴伴奏，安徒生便鼓起勇氣唱了一首民歌。雖然沒受過基本的聲樂知識和技巧的訓練，但嗓音動人清澈。他唱得很投入，唱到最後聯想到自己的身世，十分激動，禁不住熱淚盈眶。他的表現讓在座的音樂家們都深受感動。就這樣，西博尼答應收留安徒生這個徒弟。從此安徒生就進入了西博尼的聲樂學院，他的生活和學習終於有了著落。

在西博尼的聲樂學院裡，安徒生很珍惜這來之不易的機會，非常刻苦地學習，所以他的演唱技藝進步很快。他充滿了信心，想著當演員的願望肯定能實現，卻沒想到有一年冬天，他罹患了重感冒，劇烈咳嗽讓他的聲帶受到了嚴重的損害。好不容易痊癒，他卻痛苦地發現自己已經不能再唱歌了。

可是，安徒生獻身藝術的決心並沒有因此而動搖。既然現在不能唱歌了，那學舞蹈總還是可以的。於是他找到當時的一位著名詩人，這位詩人給安徒生寫了一封推薦信，憑著這封信他找到了芭蕾舞學校的負責人達朗先生。達朗先生看安徒生對藝術這麼感興趣就把他留了下來。他便從一些簡單的舞蹈動作開始學起。可是一段時間後，當老師再教他一些較難的動作時，他的手腳一下子就不聽使喚了。不久，達朗先生不得不讓安徒生離開。安徒生強忍著巨大的悲痛，默默地離開了舞蹈學校。天無絕人之路，就在他心灰意冷的時候，有一位作家被他的勤奮精神感動了，便決定幫助他。在這位作家的熱心幫助下，他開始一邊學習拉丁文，一邊進行戲劇創作。

在十七歲那一年，安徒生創作了兩部劇本，其中一部在丹麥的一家權威文學刊物上發表了。就是這部公開發表的劇本，得到了國內一位著名文藝評論家的讚賞。後來這位評論家為安徒生申請了一筆學費，這時的他才有了前往學校接受正規教育的機會。從此以後，安徒生就走上了文學創作的道路。再後來，他的作品不斷問世，包括喜劇、遊記、詩歌和小說。一八五三年，安徒生出版了一部童話集。這本童話集出版後非常暢銷，一下子就讓安徒生的名聲響徹大街小巷，此後每年的耶誕節，他都會為孩子們奉獻一部童話。而安徒生的童話也開始走向全世界，並且征服了全世界孩子們的心。直到今天，安徒生童話仍然是一座高峰。

雖然安徒生一生貧窮，可是他一直為了自己的夢想而努力奮鬥著，在他如此執著地追求下，終於找到了適合自己發展的目標，並最終實現了他的夢想。他的作品給這個世界增添了一份絢麗，而這一切的出現都是他對自己理想不懈追求的結果，都是他在逆境中執著與堅持的結果。

看了安徒生的事蹟，你的心靈是否受到了一定的洗禮？你的內心是否受到了巨大的震撼？要實現我們遠大的目標，就要學會堅持不懈地去努力。只要不放棄，憑著自己的執著和頑強的毅力，堅持下去，我們的夢想就一定能實現。

相信自己，遠離自卑

自信，就是相信自己的能力，是對自我的肯定，是堅信自己一定能成功、能實現目標的堅定信念。美國著名的思想家愛默生有句名言：「自信是成功的第一祕訣。」不管我們遇到了多麼嚴重的挫折，不管我們碰到了多麼巨大的困難，只要信念不動搖，就一定能走出困難的包圍。

自信這種意識上的東西十分神奇，自信可以給我們真正的力量，讓我們做到自己相信能做到的事！高爾基說：「只有樂觀的人，才能在任何地方都懷有自信地沉浸在生活裡，並實現自己的意志。」往往我們現在對自己的評價和判斷能影響我們的未來。所以一個人成就的大小很大程度上在於他自信度的高低！

其實這並不是天方夜譚和狂妄自大。擁有自信的前提是對自身有全面而正確的認識。在這種必勝信念的鼓舞下，我們的神經系統和大腦就會不斷地接收到來自信念的訊號，促使我們所期盼的結果出現。只要我們相信自己會取得成功，自信就會帶我們逐漸向成功靠近；而要是我們覺得自己會失敗，那麼我們的自信就降低了，所以做事肯定就容易失敗。如果總是抱著懷疑的心態，既不相信自己的能力，也不適時利用時機。這樣只能走向失敗，不能成就大事業。

要是我們覺得自己的行為和想法是正確的，有一定的可行性，就應該學會去堅持，要把自己的想法變成實際行動，把自己的信念變成力量，去創造我們所需要的東西。有了自信，有了行動，奇蹟就會在我們的行動中逐漸現身。一味地猶豫不決和半信半疑，只能導致我們離成功的彼岸越來越遠。

這就是成功者與失敗者截然不同的信念帶來的不一樣的命運！成功者始終用最樂觀的精神和最堅定的信念來支配自己的人生。失敗者則剛好相反，他們的人生受到過去和現在的種種失敗與疑慮的影響。

當我們受到挫折的時候，自信就會受到很大的考驗。其實開始我們通常都是充滿自信，只不過隨著時間的推移和事情逐漸向深處發展，遇到的挫折多了，自信心就一點點減弱。其實，挫折是難免的。遇到的時候，要是我們的自信心不強，它會對我們原有的自信予以破壞甚至嚴重摧毀，甚至完全失去自信。那麼我們要做的就是恢復或者重新建立自信，增強對挫折的容忍力。

撐起前進的桅杆，我們的自信就是那推動生命之船走向大洋遠方的動力。心靈在互換中相通，生命在奮鬥中精彩。我們沒必要自卑。自信是萬里晴空，是勝利彼岸，是沙漠中的綠洲，它能賜給我們力量，伴隨我們步入成功的殿堂；自卑是暴風驟雨，是絆腳石，是攔路虎，它能將我們的信心全部摧毀，把我們推向暗無天日的深淵。

醜小鴨之所以能變成美麗的大天鵝，是因為它有堅定的信念，有不服輸的決心，雖然昔日的痛苦歷歷在目，可是成為天鵝的信念時時刻刻在它內心翻騰，在一次次失敗的背後，它依然不服輸，始終向前。那我們為何不能自信一點？在這麼好的環境裡，為什麼不試著努力呢？

當然，在挫折面前能堅持必勝的信心是不容易的，這需要擁有艱辛的毅力，並且深刻的自我解剖。既熱愛自我，又不迷戀於自我；既相信自我，又不固執己見；

既解剖、批判自我，又不喪失自我，不自慚形穢、妄自菲薄；既肯定過去的成績、正確、優點，又否定過去的過失、錯誤、缺點，並在此基礎上實事求是地分析自己的能力與所定目標的可行性，及時進行自我調整。

其實很多時候是我們自己背的包袱太多太重。在現實中，有些人不知道某件事的困難度，最終反倒取得了成功。可見面對困難不要總是畏懼和膽怯，要堅信自己能戰勝失敗。困難就怕我們勇於面對它！其實我們的人生也是這樣，很多事先天注定，那是「命」；但我們可以決定怎麼面對，那正是「運」！我們怎麼對待生活，生活就會怎麼對待我們。當我們用積極的心態來面對生活時，生活會帶給我們微笑，當我們用消極的心態去面對生活時，生活會帶給我們悲傷。

所以，這種必勝的信念也是對樂觀心態的一種詮釋！它要求我們始終看到前面的希望！如果看不到將來的希望就激發不出現在的動力。

大膽去做，難事變易

世界在變，我們在變，周圍的一切其實都在不停地變化之中。也許我們今天的一切還很順利，可是到了明天就可能面臨著不少的困難。沒有人能夠準確地預測明天會是什麼樣子，即使我們能對明天有一定的掌握，也不能對我們所處的整個環境有更深入和更全面地瞭解。事實上，在我們的工作和生活中，總會面臨著一些有難度的任務。

勇於向這些有難度的任務發起挑戰，這無論是站在公司對員工需求的角度還是站在我們個人的角度，都是應該具備的。與此相反的是，我們也經常看到那些缺乏挑戰勇氣的人，他們只願意在工作中做個謹慎的「安全專家」，對於出現的新情況和困難，他們都不敢主動地面對，更不要說是勇於接受了。在這些人眼裡，要想保住自己的工作，就要保持自己所熟悉的一切，所以他們遇到有難度的工作和事情寧可繞道而行。

現代社會是一個充滿競爭的社會，適者生存，優勝劣汰。事物的發展一直遵循這樣的規律。在一個公司中，那些缺乏挑戰的員工是不會長久的，當然他的職位也不會得到提升。從另一方面來說，勇於向高難度工作挑戰的員工，總是受到公司的歡迎，供不應求。所以，在這種失衡的市場環境中，倘若我們不敢向有難度的工作挑戰，在這個激烈的市場競爭中，我們就永遠得不到一席之地，而當我們羨慕那些有著傑出表現的同事，羨慕他們被公司委以重任的時候，我們應該明白，他們所取得的成功絕不是偶然，而是一點一滴累積起來。

要讓我們面對的困難變得簡單，唯一的辦法就是想辦法讓自己變得強大。鐵人王進喜有句名言：「困難像彈簧，你弱它就強。」相反，如果我們強大了，困難就會變得很渺小。

有這樣一句話：「我們的生命經歷，完全是我們自己造就的。我們的一思一念，都在創造我們的未來。」所以說，在我們的人生中，如果我們把自己想像成什麼樣子，那最後我們真的就是什麼樣子，這些都會和自己的想像所吻合。我們認為自己好，認為自己有能力，那麼將來我們就能發揮出自己的能力，將生活過好；如果我們認為自己不好，那就會在這種消極心態的促使下發展。消極的心態，會造就消極的人生，最終導致我們的人生並沒有走向成功。所以說，人生的痛苦和快樂都是自己創造的。心情高興，態度積極，對自己充滿自信，那就能走向成功。如果我們想到什麼樣的「因」，以後就會結出什麼樣的「果」。

在生活中不可對於自己看似平凡的一言一行和想法忽略，其實這些都可以給我們創造機遇和未來。所以說，目前我們的思維方式能決定我們的人生命運。歷史上的成功人士，他們之所以能取得豐功偉績，就是因為他們有足夠的膽量，勇於在實踐中檢驗自己所想的事情。這樣一來，困難的事情在他們的實踐中就會變得簡單。古人云：「天下事有難易乎？為之，則難者亦易矣，不為，則易者亦難矣。所以，我們要勇於實踐，要大膽地去做。」

對每個人來說，機遇和挫折其實都是相互依存的，有機遇就有挫折。這就像一件事情總有正反兩面一樣，就看我們用什麼樣的態度去看。要是我們快樂地看待一切，大膽地去執行，那麼困難的事情也會變得簡單；如果我們悲觀地看待一切，對自己的想法都不敢去執行，那麼簡單的事情也會變得困難。

所以，無論在工作還是生活中，我們要盡量向樂觀的方面思考，保持自己的樂觀心態，保持自己勇於執行的勇氣，向自己憧憬的目標去前進，相信，憑著我們的樂觀和大膽，成功早晚會是我們的。在看待困難時，始終要有一種必勝的信心，要大膽地去征服。請記住：在這個世界上沒有不可能的事，只有不敢想、不敢做的人，困難在強者面前總是變得很軟弱。

第四章　想法再好，還得做得好

把行動放在第一位，不行動事不成

有成功就會有失敗。也許，一些暫時還沒有取得事業成功的人就會覺得成功人士可能有什麼祕訣。事實並不是那樣。成功並沒有什麼獨門絕技，也沒有什麼法寶。如果真要問有什麼祕訣的話，那就是敢想敢做。僅僅擁有積極的心態是不夠的，想到了就一定要讓自己的想法付諸實踐，否則，一切都是紙上談兵。

一個人不管現在所取得的成就或者是事業多大，依然需要時時提升自己，如果只是停滯在現有的水準上，反而是一種退步。我們可能在現實的生活和工作中遇到過這樣的現象，一帆風順的職業生涯反而可能成為一個人成長的阻力；如果一個人只是沉溺在對過去以及現有表現的自足當中，那麼他的學習以及對新環境的適應能力便會受到阻礙。

任何人都不可能永遠站在巔峰，只有不斷虛心學習的人才是未來的主宰。工作中不斷努力，不滿足於平庸，才能發揮出自己的價值和影響力。沒有最好，只有更好。當我們為了自己的目標而不斷努力的時候，我們自身的力量會不斷地增強，我們的能力也會不斷地提升，同時我們對自己的要求也會越來越高，這個過程，對我們也是一種收穫。

不可輕易滿足於一般的工作表現，要做到最好，才能成為不可或缺的人物。一個勤奮的藝術家為了不讓任何的一個想法溜掉，當他產生新的靈感時，會立即記錄下來，即使是在深夜也是如此。一個優秀的員工其實就是一個藝術家，他對工作的熱愛，積極行動的習慣，都是促成他工作重要的推進力。

比如有一個生活非常落魄的年輕人，他總是去教堂祈禱，並且每一次的禱告內容幾乎都一模一樣。

他第一次來到教堂的時候，他跪在聖殿內，虔誠低語：「上帝啊，請念在我多年對您的敬畏之情上，請讓我中一次頭獎吧！」

兩天時間過去了，他又垂頭喪氣地來到了教堂，同樣是跪下來祈禱：「上帝啊，為什麼不幫幫我呢？如果讓我因為中頭獎致富了，我願意更謙卑地服從您。」

他就這樣，每隔幾天就到教堂來做著同樣的祈禱，如此周而復始。直到最後一次，他跪著說：「我最為敬愛的上帝，為什麼您無視我的禱告呢，讓我中頭獎吧，哪怕只有一次，我也願意終身侍奉您。」

這時，聖壇上空傳來一陣很莊嚴的聲音：「我一直都在聽你的禱告，可是你忽視了最根本的一點，你應該去買一張彩票。」

在我們的現實生活中，心動的時候很多，行動的時候很少，把希望放在今天，卻把行動留在了明天。夢想著成功，卻沒有付諸行動。真正的成功者則恰恰相反，他們總是把行動放在現在，把希望放在未來。

一九七〇年，美國有一個叫法蘭克的年輕人，家裡非常貧困。他離開家鄉前往芝加哥，想在那裡謀求出路。芝加哥是個繁華的城市，他在那裡輾轉無數，始終沒能找到容身之所，於是就買了一把鞋刷，為路過的人擦皮鞋，以此來維持生計。

半年時間過去了，他手裡有了一點積蓄，法蘭克利用這點積蓄租了一間小店，一邊擦皮鞋，一邊販賣雪糕。卻沒料到雪糕的生意蒸蒸日上，以至於他收起了擦皮鞋的工作，以販賣雪糕作為主要生計。

現在，法蘭克的「天使冰王」雪糕已擁有全美市場的百分之七十以上，在全球有四千多家專賣店，分布在六十多個國家。

當一個人因為能把一件事情做得可以完善而激動不已的時候，當一個人安靜地欣賞著自己所做的一切而心滿意足的時候，這是真正的快樂與成功。這種成就感可以促使我們的才能得到充分發揮。倘若以高標準要求自己，一個追求完美的心靈就會產生，它會對我們的行為造成積極的影響。這時候，對我們來說，已經沒有什麼能比圓滿地完成自己的工作重要了。

倘若現在的我們，做事還是過於潦草，不能嚴格要求自己，時間久了就會變得麻木、不求上進。看看身邊的人都在不斷地努力，追求進步。若是只有自己成了和大家背道而馳的人。意志已經不再堅定，工作態度不再認真，其悲慘的後果是可以很輕易地想像的。

倘若在一項新工作開始之前，我們就立志要出色地完成它，要善始善終。在這個意志的推動下，我們會工作得很努力，全身心地投入，所有擔心和煩惱的事就會離我們遠去。

心動不如行動，行動改變未來

有兩個和尚的身分截然不同，一個很貧窮，另一個很富有。有一天，窮和尚對富和尚說：「我打算去一趟南海，你覺得怎麼樣呢？」

富和尚都不敢相信自己的耳朵，他再三向確認，終於確定不是聽錯的情況下，他打量一番窮和尚，然後哄堂大笑。富和尚的舉動讓窮和尚感到百思不得其解，於是他便問富和尚：「怎麼了啊？」

富和尚說：「我不敢相信，你也想去南海？可是，你憑藉什麼東西去南海啊？」

窮和尚說：「很簡單，一個水瓶、一個飯缽就足夠了。」

富和尚大笑，說：「南海離我們這裡太遠了，好幾千里的路呢，路上的艱難險阻多得很，你想清楚了，這不是鬧著玩的。我在幾年前就打算去南海，從那時起我就開始準備了，等我將糧食、醫藥和一些工具準備完善後，還要再買一艘大船，再聘請幾位水手和保鏢。這些工作全做完了才算準備充分。可是你看看你有什麼，就憑一個水瓶、一個飯缽，還想走那麼遠的路，太癡人說夢了。」

窮和尚聽了富和尚的這番話，不想再和他爭執。第二天一大早，窮和尚就隻身踏上了前往南海的路。他遇到擁有豐沛水資源的地方就盛上一瓶水，遇到有住戶的地方就前往化齋，一路上嘗盡了各種艱難困苦，在路上，窮和尚也遇到了糧食不足或摔倒外傷等問題，可是他從沒想過要放棄，始終向著南海前進。

兩年後，窮和尚從南海歸來，還是帶著一個水瓶、一個飯缽。窮和尚由於在南海學習了許多知識，回到寺廟後成為一個德高望重的和尚。而那個富和尚還在為去南海做各種準備工作，什麼時候出發也不清楚。

人的思維決定其自身行動，而行動則又決定他能否獲取最終的成功。其實，在日常生活和工作中也是如此，如果一個人不善於採取行動，那麼他是很難有所作為的，充其量只能是一個空想主義者。

在現實生活中，存在兩種類型的人：一是天天沉浸於幻想之中，看不到行動的人；二是善於把想法落實到計畫中，成為一個勇於行動的人。但是，這個看似人人皆知的問題，在許多人身上並沒有引起足夠的重視，因為他們常常把失敗的原因歸罪於外部因素，而不是從自身找到失敗的原因。有句成語叫「心想事成」，這句話本身沒有錯，但很多人只是把想法停留在幻想的世界中，而不落實到具體的行動中。當然，也有人是想得多卻做得少，終究難以取得成功。

有句話說得好：「一百次心動不如一次行動！」因為行動是一個勇於改變自我、拯救自我的標誌，是一個人能力有多大的證明。光口頭述說都是假的，看不見任何實際的成果。一位科學家曾經說過一句話：「一次行動足以顯示一個人的弱點和優點是什麼，能夠及時提醒此人找到人生的突破口。」毫無疑問，那些成大事者都是勤於行動和巧妙行動的智者。這樣的例子，我們可以舉出無數。在為人處世的道路上，我們需要的是用行動來證明和兌現曾經心動過的夢想。

也許你早已經為自己的未來勾畫了一個美好的藍圖，但是它同時也給你帶來煩惱，你感到自己遲遲不能將計畫付諸實施，你總是在尋找更好的機會，或者常常對自己說：「留著明天再做。」然而這些想法和做法卻大大影響你的做事效率。

因此，要獲得成功，必須立刻行動。任何一個偉大的計畫，如果不去行動，就像只有設計藍圖而沒有蓋起來的建築物一樣，只是一個幻想。

在競爭日益激烈的社會中生存，要懂得心動不如行動。因為心動只能讓你終日沉浸在幻想之中，而行動才能讓你最終走向成功。所以，做人一定不要僅是心動，還要採取果斷的行動。

逆境中你有幾張「王牌」，請認真對待每一張

絕不輕易放棄的勇氣，以及大膽的執著追求，是每一位成功者身上的閃光點。憑藉強有力的信念支撐，那麼任何事情你都能夠堅持做下去，不屈不撓，而這才能使你始終朝著某個既定的目標前進。

有個人在做銷售人員的時候扶搖直上、平步青雲；成為總經理之後可謂呼風喚雨、無所不能；但他曾經是一隻被人恥笑的「喪家犬」。後來又成為一名拯救企業於水火的英雄；甚至是一屆全美人民崇拜的偶像，這其中的滋味，恐怕只有親身經歷

的艾柯卡本人才能夠說出。

艾柯卡在一九四五年修完工程學和商業學以及心理學後，告別了自己的大學生涯。當時在二十多家可供選擇的公司中，他毫不猶豫地選擇了福特汽車公司，因為艾柯卡從小就對汽車抱有無比的熱忱。

後來，艾柯卡經過自己的一番努力，如願以償地當上了一名銷售人員。銷售人員的工作充滿了酸甜苦辣，艾柯卡虛心好學，竭盡全力去完成每一件事，很快就學會了銷售的本領。不久，他被提拔為地區經理。一九五六年，艾柯卡又被提升銷售副經理。艾柯卡由於一系列優秀的行銷創意和絕妙的銷售技巧，特別是在一九七〇年十二月十日，艾柯卡如願以償地登上福特汽車公司總裁的寶座，成了這家美國第二大汽車企業中地位僅次於福特老闆的第二號人物。而艾柯卡似乎這一夜之間就紅了起來。

成功之後的艾柯卡在人們心目中的地位可謂是日益提高，而且受到董事會成員的讚賞。可是，俗話說「樹大招風」，艾柯卡的聲望越高，也就漸漸受到公司老闆亨利．福特的猜忌與戒備。因為福特公司自從創辦以來，一直都是由福特家族把持大權，如今企業中大部分的政策決定權力都在外人手上，亨利認為這是對家族的莫大威脅。一九七五年，亨利因健康欠佳，使他更加擔心身後大權被外人奪走。於是，他想辦法開除了艾柯卡的職權。

當艾柯卡的祕書得知這個消息之後，在門口垂淚相迎。他推門一看，辦公室只有臥室大小，地板上鋪著有裂縫的油氈，僅有一張小桌子，上面放著兩個塑膠杯。這一切比起原來的豪華的辦公室，顯得天壤之別。

艾柯卡被解雇的消息在輿論界和企業界引起了轟動。許多大公司久仰艾柯卡的大名與才能，紛紛找上門來，爭相聘請他，無數知名的企業廠商或品牌無不爭相聘請，條件都是相當優渥，甚至還有不少大學邀請艾柯卡擔任學校的校長。

可是這一切都被艾柯卡婉言謝絕了，因為對他來說，自己感興趣的就是汽車工業。正當艾柯卡閒閒無事待在家的時候，美國三大汽車公司之一的克萊斯勒公司由於經營不善正瀕臨歇業。而這對於艾柯卡而言，無疑是自己人生道路上的重大轉機。

透過朋友介紹，克萊斯勒汽車公司董事長約翰會見了艾柯卡，言語中無不歡迎他到克萊斯勒公司繼承自己的職位。當時的克萊斯勒公司就像是一艘將要沉沒的大船，然而對汽車事業的執著和鍾愛讓艾柯卡毅然決定破釜沉舟，決定擔任克萊斯頓汽車公司的總裁。

結果也正如大家所想像的那樣，艾柯卡最終讓克萊斯勒公司奇蹟般地走出谷底，一九八五年，克萊斯勒公司在世界汽車製造公司的排名榜中躍居第五位。一九八六年，克萊斯勒公司的股票漲到每股四十七美元，超越五百家國際公司，成為榜首。

艾柯卡正是憑藉自己堅強的意志力才將心中的願望化為現實，建功立業。當福特迫使他離職的時候，艾柯卡為了自己深愛的汽車事業，所表現出來的那種強大的意志力和想要成功的欲望一直支撐著他，直到強加在自己頭上的莫須有罪名使他實在是忍無可忍時，才毅然離開。而這個時候，艾柯卡可能需要別人的理解、別人的同情，但是他認為自己更需要一個機會，需要一個重新證明自己所選擇的道路是正確的機會。也就是這樣，艾柯卡一直努力著，拚盡全力去做。最後，他等到了。

所以，我們深信不疑意志力和欲望結合，就會產生不屈服的信心。其實，大人物與小人物、強者與弱者之間最大的差異就在於其意志的力量，即所向無敵的決心。而很多商人之所以能夠成功就在於他們不達目標決不放棄。

相信自己永遠都是最棒的

有人說，人生就是一場牌局，不但要拿到一手好牌，也要懂得如何運用手中好牌。可事實上，天生就拿到好牌的人太少了。倘若我們很不幸地拿到一副最糟糕的牌，也不要氣餒，因為對事情無益。我們要做的就是找出強項，扭轉不被看好的局面。對我們每個人來說，其實大家手裡都有自己的王牌，那就是潛能，這張王牌，就是我們的機會。

一位大師曾問一個人：「你從哪裡來？」那人回答：「從蘇州寒山寺來。」大師繼續問：「你來這裡做什麼呢？」那人說：「來求佛法。」聽罷，大師哈哈大笑：「我這裡什麼也沒有，哪裡有佛法？」見那人一時愣著不說話，這位大師便對他說：「我是說你自有寶藏，為何還來我這裡覓寶？」那人聽見大師的話，更加困惑。「我自有寶藏？什麼是我的寶藏？我怎麼不知道？」那人感到莫名其妙，然而大師卻只是繼續說：「佛就在你身上，一切俱足，更無欠少，你都不知道，我又該怎麼給你？」

其實，人人自身都有寶藏，只是自己沒有發現而已。有句話說：「這個世間並不缺少美，只是缺少發現美的眼睛。」其實對於我們自身的潛力而言也是同樣的道理。

有個農夫擁有一塊土地，雖然生活談不上富裕，可也過著衣食無憂的日子。有一次，農夫聽說只要擁有一塊鑽石，就能變成了一輩子不愁吃穿的富豪，享盡榮華富貴。這句話聽著十分誘人，於是農夫便把自己的土地售出，離開家鄉，四處尋找有機率能夠發現鑽石的地方。可是，他走遍了世界，無論怎麼找都找不到鑽石的蹤影。最後，他把自己的所有積蓄都花光了，心情極度鬱悶，便選擇跳崖。在這之後，土地的新主人在一次散步時，無意中發現在這塊土地裡，有一塊異樣的石頭，他拿起來一看，只見它晶光閃閃，反射出光芒。再仔細一看，原來這是一塊鑽石。這塊土地原本就埋藏著寶藏，可是原本的主人卻捨近求遠，最後也什麼都沒有得到。

從上面這兩個故事中，我們可以看出財富不是僅憑奔走四方發現的，它屬於那些真正懂得去挖掘的人，只有那些相信自己能力的人才會把它們挖掘出來。換句話說，就是我們每個人身上都擁有鑽石寶藏，這就是我們的王牌，就是我們的潛能。我們身上的這些鑽石足以讓我們的理想變成現實。所以，我們沒有必要去捨近求遠，也沒有必要去一味地羨慕別人，而我們要做的就是用好自己的王牌，讓自己的王牌真正發揮作用。只要我們不懈地發揮自己的潛能，就能夠做好自己想做的一切。

在日常生活中，我們身邊總有一些人常常感到實際中的自己離理想中的自己太遙遠。他們一方面為自己設想了一條走向成功的路；而另一方面又哀嘆自己沒有能力去實現。卡內基說：「人人都是一座金礦，每一個人都有自身的潛能。」我們想想，為什麼有的人能在自己平凡的工作中，創造出不平凡的事業，而有的人卻終生平平庸庸、一事無成？其實，問題不在於一個人的天賦有多高，這就像人生不在於手裡有多少好牌，而在於我們常常看不清自己，難以認識自己所擁有的一切一樣，如果我們不深入挖掘自身的潛能，那就找不到屬於自己的那張最大的王牌，當然也就很難在這個社會上有個好的立足。

環境就算很差，條件就算多麼有限，其實都不是最重要的問題。因為在每個人的身體裡面，都隱藏著巨大的力量。如果能夠發現並得到合理地利用，那麼它所產生的結果就是驚人的，它可以幫助我們成就自己所嚮往的一切，甚至能讓我們做出種種神奇的事情來。例如，如果有人遇到某種意外事件或災禍時，人們就會奮不顧身地去救他。實際上，每個人都具有潛在的英雄品格，只不過是意外事件和災禍起了催化劑的作用，讓人的這種品格提前顯露了出來。所以，生活中經常有人在災難臨頭的時候卻往往能做出在常人看來無法完成的事情。

一個人的潛能，是可以發現的。比如在某種突如其來的事件或在壓力之下，人們就很有可能發現自己從未發現過的能力；有時由於朋友們的真摯鼓勵，或是某位成功人士的事蹟啟發了自己，這些都可以激發出我們內在的力量。無論我們採用什麼方法來激發自己的潛在力量，一旦這種力量被激發出來後，我們會發現自己所做出的成績一定會不同於從前。

因此，我們說每個人手裡都有一張王牌，就是這張牌決定著我們的命運和未來，我們能夠發現自己的潛力，挖掘出自己的潛力，也就找到了自己的王牌。於是，我們也就找到了走向勝利彼岸的實力和勇氣，找到走向成功的方法和技巧。

失敗也可貴，也有可取處

高爾基曾說：「貧窮是一所學校。」，而我們也可以認為「失敗也是一所學校」，是一所每個人都必須經歷的學校，在這所學校裡，我們不但要學會獨立思考，而且要學會選擇，這一切，都決定我們如何儘快從這所學校畢業，而不是繼續待下去或重新修習這所學校的課程。

事實上，失敗並不可怕。而從失敗中，我們可以學習到人生的智慧，「不經歷風雨，怎能見彩虹？」吸取失敗的經驗和教訓非常重要。從失敗中找到原因，吸取教訓，就不會再犯同樣的錯誤，更不會讓自己失去走向成功的信心。一位學者曾說：「沒有比逆境更有價值的教育。」倘若對自己的失敗棄之不顧，不進行思考，不去釐清失敗的根源，而是一味地意志消沉，這勢必會影響我們後面的生活和工作。遇到失敗，若只是簡單地以「跟不上進度」為藉口，這就不會有任何進步。倘若沒有在失敗中學習的精神，那就永遠得不到成長。而且，只有在失敗中，才能更好地找到我們所要學習的東西。

失敗是一個清醒劑，它能使我們受困的頭腦保持冷靜，它能激發我們潛藏的智慧。歷史上孔子蒙難而編《春秋》，屈原被逐而賦《離騷》，左丘失明始有《國語》，孫子斷足而著《孫子兵法》，司馬遷寧遭宮刑也要寫下《史記》等等，他們都是在失敗中反省從而走向成功的典型。

被郭沫若讚揚為「寫鬼寫妖高人一等，刺貪刺虐入木三分」的蒲松齡，一生懷才不遇，窮困潦倒。蒲松齡一生曾參加過四次科舉考試，立志考取舉人，可是由於當時科場賄賂盛行，舞弊成風，所以他一連四次都名落孫山。經過了四次科舉的失敗，他並未因此而悲觀失望，而正是這幾次的挫折磨練了他的意志，坎坷的遭遇和長期艱辛的生活，讓他加深了對當時政治的黑暗、科舉制度的腐朽以及社會弊端的認識和瞭解，這些都為他的文學創作奠定了基礎。於是，他立志要寫一部「孤憤之書」。為了鼓勵自己前進，為了使自己理想中的書能真正寫出來，他為自己寫了一副對聯：「有志者，事竟成，破釜沉舟，百二秦關終屬楚；苦心人，天不負，臥薪嚐膽，三千越甲可吞吳。」蒲松齡以此自警自勉，終於畢其一生精力完成了文學巨著——《聊齋志異》。

蒲松齡的《聊齋志異》是中國古代文學史上的一座著名里程碑，為文學的發展付出了重要貢獻。而他之所以能取得如此成就，與他在經歷失敗後反省和思考不無關係，與他吸取教訓不無關係。所以，遇到失敗不要氣餒，不要悲觀。最關鍵的就是要能好好思考，找出原因，在以後的工作和生活中減少或避免同類錯誤的發生。

日本企業家和田一夫先生曾說：「我們來到這個世上不僅僅是為了生存，同時也是來領略自己生命的輝煌。如果可能的話，我們還應該嘗試去從事多種職業，盡可能地開發自己各方面的潛能。不論我們身處何等境遇，我們都應擁有這樣一份矜持：我的人生，應該這麼走過。」的確，我們身上的種種失敗往往就像是一面鏡子，它是可以映射成功的。只有那些聰明智慧的失敗者才能把失敗的經驗看做是通往成功的必經之路。

挑戰極限，要有不服氣的執著

不同的生存環境可以造就不同的人。而且人們生來就面臨不同的家庭環境。倘若一個人只是一味地抱怨自己出生在一個普通或不好的家庭，而沒有在自己夢寐以求的高官或富商家庭，如果抱著這樣的態度，永遠都不會有任何出息。所以，與其抱怨，不如面對現實，但是面對現實不是甘於平淡、甘於貧苦，而是要有不服氣的個性。我們應該相信自己，別人能做到的我們也能，我們應該學會用自己的實力去創造屬於自己的一片天。

林勇強由於家庭環境優越，在一九四六年的時候，父親將其送往美國留學。到了美國以後，他便毫不猶豫地進入了金融相關的系所學習。在波士頓大學讀書期間，林勇強學習用功，努力認真，是一個非常優秀的留學生，他的成績在整個系上十分突出。由於成績的出色，他僅用了兩年時間，就獲取了經濟學學士學位。當他二十歲的時候，又拿到了經濟學碩士學位。

擁有了經濟學碩士頭銜的林勇強，畢業後卻作出了一項讓人感覺很詫異的選擇。他進入了一家規模、影響都不太大的股票債券行，在這家公司裡做著初級證券分析員的工作，週薪只有五十美元。

這家公司的規模很小，所以他憑藉著發憤圖強的精神，一定要憑著自己的努力將公司的業務量做大。他就像一座噴發的「火山」一樣，把自己腦袋裡的東西無窮無盡地在這家公司裡釋放了出來。林勇強冷靜地分析投資趨勢，科學地判斷市場行情，果斷地採取發展策略，結果在堅持不懈的努力下，公司基金收益成長速度達到了百分之五十！百分之五十這個數目可是非常了不起，像這樣的成長速度在公司的發展史上是絕無僅有的，甚至在整個金融界也非常罕見。由於他做出了如此出色的業績，公司董事會通過了讓他加入董事行列的決議，於是他以持有該公司百分之二十的股份成為一名新董事。從這時起，林勇強的事業走上了一個新的階段。

在一九六五年的時候，林勇強所在的公司需要選出新一任的董事長，原董事長因年齡原因而退休。針對這個問題，外界和公司內部似乎已有定論，大家都認為林勇強對公司作出了突出貢獻，而且在公司有著長達七年的經營實踐，他應該是眾望所歸，董事長非林勇強莫屬。對於這個問題，林勇強本人也很自信，他也覺得從自己的才能和在公司所占的股份來看，勝券在握。所以這個時候，林勇強也早已躊躇滿志，他開始思索公司的未來發展計畫了，而且決心要在董事長的位置上把公司進一步擴大版圖。

可是事實遠遠沒有他想像的那麼簡單，退休的董事長在這個時候表現出了一些美國人對華人的偏執、狹隘和傲慢的心理。他對林勇強的才華視而不見，在他眼裡，林勇強這幾年對公司作出的貢獻好像並沒有什麼價值，他甚至認為華人是沒資格在公司擔任董事的，那就更不用說是擔任董事長了。

在林勇強的眼裡，自己遭到了失敗和歧視這兩個不同性質的問題。這個沒有理由的歧視，無疑深深觸動了林勇強那敏感的神經。於是，他一氣之下便將自己在該公司所占有的百分之二十的股份全部賣掉，同時也辭去了公司董事職務。在離開公司那一天，林勇強說出了自己的心裡話：「總有那麼一天，我要用自己的實力在華爾街建一座大廈，在這座大廈裡彙集各種做金融的公司，包括銀行、財務公司、股票經紀公司、保險公司等，我要讓這座大廈變成超級金融市場，我要讓那些歧視華人能力的美國人，看到我的實力。」

在這一年，林勇強成功註冊了自己的公司——林氏管理和研究基金公司，他的公司主要從事經營互惠基金的投資研究和顧問等業務。直到一九六九年二月，林勇強已經成了曼哈頓基金會的董事長，這一年他四十歲。由於林勇強的林氏公司在市場有著良好的口碑，業績一直很好，成功為他募集資金和擴大公司的影響奠定了基礎，於是林勇強便果斷地向社會發行了曼哈頓互惠基金的股票。結果股票剛剛上市，就產生了不小的轟動，竟然有很多人來搶購股票。而且該股的上市刷新了華爾街股票發行的紀錄！

這次股票的發行，讓林勇強的才能受到了金融界的廣泛關注。這其中就包括各大財團和企業。也引起了美國著名的容器公司董事長伍德希德的注意。伍德希德覺得像林勇強這樣的人才是不可多得的，所以便聘請林勇強加盟容器公司，為此，伍德希德竟不惜以一點四億美元的現金高價收購林氏公司的股權，同時還邀請林勇強擔任容器公司的董事，透過這樣的改革，公司的業績上升很顯著。在一九八四年的時候，容器公司的資產已達到二十六點二億美元，銷售額達到三十一點七八億美元，證券業務則更是行業的龍頭。

一九八七年二月一日，林勇強終於登上了容器公司首席執行官和董事長的寶座。他取得了史無前例的成功。華爾街上「華人小子」這樣的稱呼也成了成功的代名詞。

林勇強正是憑著自己不服氣的那股執著，不斷努力著，終於如願以償地創下了自己的事業。同樣地，每個人都要拿出自己的實際行動，給自己樹立一個遠大的目標，將這種不服氣化為讓自己前進的推動力，從而向他人展示出我們的實力，創造出我們的輝煌成績。

主動出擊，不要讓機會在等待中錯失

人生在世，要學會善於抓住機會，主動出擊，這才能贏得勝利。每一次機會對我們來說都是非常寶貴的，要是沒有好好珍惜，它就會轉瞬即逝。所以，我們要在平日裡做好準備，一旦發現機會就要主動出擊，立即作出決定。

現在的社會競爭激烈，只有主動出擊才能將機會爭奪到手。如果只是消極等待、只會將個人和企業的發展機會浪費。而那些勇於挑戰、立即行動的人，才是社會所需要的，也只有這些人能在激烈的競爭中取得一個席位，贏得機會，從而走向成功。

我們觀察現實生活就會發現，凡是聰明有才能、成效卓越的領導者，他們一定善於運籌帷幄、懂得適時攻守。在很多時候，我們需要的並不是亦步亦趨和拾人牙慧，而要讓自己的心一直放射著光芒，要理清企業的未來走向和發展目標，在和競爭對手的角逐中主動出擊，打敗對手。

當年，索尼公司還是一家名不見經傳的小企業。可是，索尼的創始人盛田昭夫得知貝爾試驗室發明了電晶體後，他便在第一時間去美國買下了這個專利。在當時，他只花了不到三萬美元的錢就將這個足以改變整個世界的專利拿到手了。

在那個時代，很多人對電晶體這一發明還缺乏了解，很少人認識到它的重要性。而盛田昭夫卻敏銳地發現了這個機會，而且主動出擊抓住了這個機會。在當時的電子業界，盛行的是電子管。比如說當時的電子管收音機，它們的體積很龐大，足有一張小桌子那麼大。而盛田昭夫則在第一時間生產出了電晶體的小型收音機。他當時打出了這樣的宣傳口號：「能裝在口袋裡的收音機。」而事實上當時他們生產的收音機要比口袋稍微大一點，於是他想了一個辦法，將每位推銷員的衣服口袋都做大了一些，這樣就可以把收音機裝在口袋裡推銷。後來的市場證明盛田昭夫的做法是非常正確的，小收音機推上市場後銷量很好，結果當年就為他獲利兩百五十萬美元，一下子就讓索尼公司進入了大型公司的行列。

這就是抓住機遇的成果。盛田昭夫那敏銳的眼光留意了機會，他那果斷地決定抓住了機會，所以就迎來了巨大的成功。人的一生其實就像一場戰鬥，倘若膽怯、懶散，害怕戰鬥甚至拒絕戰鬥，只是一味地隨波逐流，那怎麼能抓住機會，讓自己的生活走上新臺階呢？機會是公平的，但要懂得主動出擊，如果能先行一秒，那麼就會先一秒到達。

我們周圍總有一些人抱怨自己的運氣不好，沒辦法致富，其實這種想法是不可取的。對於那些不思進取的人來說，再好的機會也難以抓住，因為自己根本就沒有任何準備，沒有積極認真地思考。所以，人生不是沒有機會，而是缺少發現機會的眼睛。我們應該用積極的思維和自己敏銳的感覺去發現機會，而且要主動出擊掌握機會。

世界上有兩種人，一種是觀望者，一種是行動者。可是大多數人想到只是改變這個世界，卻很少有人想到改變自己。一位偉人曾經說過：「在這個社會上取得成功的人，都是那些善於抓住機會的人，如果沒有機會可抓，他們就自己創造機會。」那些坐等機遇的人是愚蠢的。對我們每一個人來說，不論是對待生活、對待工作、對待情感還是對待自己的事業，都要積極主動地去發現、去尋找，而不要總是等待別人告訴自己應該去做什麼，應該怎麼去做。

若想要在這個社會上有個好的立足，就要明白等待機會不如創造機會的道理。

只要主動出擊，就會發現到處都有機會。只有主動的人才能掌握先機，開拓市場；而那些被動的人，只能任人宰割，失去市場。因為機會總是屬於那些善於主動出擊的人。

機會就像流水，一去不復返，倘若沒有珍惜、沒有抓住，那就很難再回來。在人生中又有多少機遇讓我們去浪費呢？很多時候錯過了就永遠也無法挽回，所以，要學會主動出擊，努力抓住每一次機會，從而書寫人生的新篇章。

做適度主義者，不做完美主義者

我們在平日做事的時候一定要學會分輕重緩急，畢竟機會會很快就消失的。倘若我們過多地去找一個完美的解決辦法，或者力爭達到統一認識，可是我們根本就沒有考慮到這是需要時間的，等制訂了一個完美方案或統一了認識後，機會早已經離我們遠去了。

也許有人會說，「完美主義」難道不好嗎？這些人之所以不能取得成績，並不是他們缺少能力，而是他們在做一件事情之前，都想把這件事做得完美，當然他們的這種想法是可取的。問題就出在了他們想使客觀條件和自己的能力達到盡善盡美的程度時才去行動。所以他們就會選擇等待，於是時機便錯過了。他們在等待所有的條件成熟，然而在條件成熟之前他們一直都是在等待之中的。於是，很多好機會就這樣在等待中錯過了。

「完美主義」是一把「雙刃劍」，有利也有弊。它一方面能使人產生不斷向上的動力；而另一方面這種對完美的追求也會給人造成比較沉重的負擔。在當今社會的多種壓力下，一個沉重的完美主義的看法會讓人覺得自己對現實無能為力，無法改變現狀，於是就可能變得急躁、自卑，甚至急功近利。

比如，一位研究人員打算寫一篇論文，卻嘗試了十多種方案後才開始著手。雖然心思縝密，做足準備才正式開始。可是當他開始寫的時候，又發現選擇的方案不夠完美，許多細節仍存在著一些錯誤和缺點。於是這位研究人員放棄了，繼續尋找自己認為「絕對完美」的方案。事實上，這個世界上就沒有什麼絕對完美的事情。這樣的人總是不願在自己的工作和生活中出現任何一種失誤，要是有任何失誤可能會損害自己的名譽。所以，他的一生都在尋找所謂的「完美」中度過，到頭來卻得不到任何結果。

這就可以解釋為什麼會有那麼多表面看起來相當精明的人，可是最終卻一事無成。在人生的道路上，每個人都或多或少都有一些完美主義傾向，但若程度較輕，就沒必要擔心。我們也應該看到完美主義的優點，比如意志堅定、嚴格自律、執著、仔細周到、組織性強等，只要我們能將這些優點發揮得當，不要把自己的心思全放在了細小的問題上而忽略了問題的重點，我們就同樣能以足夠的信心去面對生活和工作中的一切。

對於我們每個人來說，無論是對待工作、事業，還是對待自己、他人，在適當的時候我們可以嘗試一下對自己稍作放鬆，適當妥協一下。不要總是以一個完美主義者來自居。因為完美主義者到最後十分有可能什麼事情也沒有完成，而妥協者卻會多少有些進展。

在我們處理問題的時候，不要等到所有情況都完善了以後，才動手去做。倘若要堅持等到萬事俱備的時候，那就只能永遠等待下去了。在平時的工作和生活中，我們對待自己也要寬大些，沒有必要讓自己永遠追求那種理想化的絕對完美，因為那根本不現實。

渴望成就夢想，行動決定成功

成功對我們每個人來說都是夢寐以求的事。在走向成功的路上，我們不但要有積極上進的心態、遠大的目標、周密而可行的計畫和科學的方法，更重要的是要有切實的行動。只有付出了行動，才能實現夢想和目標；只有腳踏實地地行動，才是到達成功彼岸的最大動力。

渴望成就夢想，行動決定成功！擁有強烈的成功欲望，你就能將自己的潛能釋放到最大程度，不斷地去努力追求。思路決定出路，怎麼想就怎麼做。倘若你心中播種了自信的種子，往往就能獲得累累碩果；倘若播種憂鬱、自卑和失敗的種子，最終必然導致失敗。自信心對一個人的成功往往起著積極的推動作用，它可以改變不盡如人意的現狀，創造出出人意料的圓滿結局。瑪麗．居禮有句名言：「自信是邁向成功的第一步。」擁有自信，無論你所面臨的環境多麼艱難，你都能勇敢地戰勝它們，實現從「醜小鴨」到「白天鵝」的跳躍。

人們都渴望成功，愈是渴望就愈有力量。當一個人十分渴望做一件事的時候，會不自覺地調動所有的積極性，如此一來，成功的概率大大增強。大家可能聽過第一位榮獲諾貝爾文學獎的女性，瑞典的茜爾瑪．拉格蘿芙的故事。她就是基於一種渴望，使自己癱瘓的雙腿能夠正常走路。

心動不如行動，行動決定成功。成功是靠行動而不是靠夢想實現的。愛迪生曾說過，天才是靠百分之九十九的努力加上百分之一的靈感，他在實驗中經歷了無數次失敗，卻往往在束手無策、準備放棄時突然有所突破。他總是不停地嘗試，表現了他追求成功的決心。堅持到底，永不言棄，用熱情點燃成功的火花。

我們要將自己的一切計畫安排都落實到現在，緊緊抓住現在，就是走向成功的開始。在落實計畫的過程中，要以積極的心態面對現實，因為積極的心態可以使人產生積極的思維，而積極的思維可以增強自身的力量，積極的力量可以使人夢想成真。要看到自己的長處，相信自己是強者。要善於發現自己的優點，相信自己是一個有價值、有能力的人。把自己曾經妥善完成的工作或值得驕傲的成就，清楚地列在紙上，貼在牆上，經常自我欣賞，而當我們看到這些時，就會發覺自己勇氣倍增，充滿信心。

無論從事何種行業，無論做什麼事，都不要只觀察表面，「光說不做」是不可能走向成功的。只要想到那就要付諸行動，這是大多數成功者共同的行為準則。

成功更需要一種素養，那就是持之以恆。許多年輕人有一個通病——三天打魚兩天曬網。心血來潮時，頭懸梁、錐刺骨也在所不惜，失去興趣時，就把自己的理想和奮鬥目標拋擲腦後。耐不住寂寞，經不起誘惑，使很多年輕人做事半途而廢。任何人的成功都離不開堅持不懈地努力奮鬥，靠一朝一夕的投機取巧是永遠都不可能領略成功的甘甜的。因此，要想實現自己的理想，就應該學會忍耐和堅持。在困境中要學會忍耐痛苦，不管多苦多難都不放棄自己的追求。在追求成功的過程中，我們不僅要有成功的心態，還要有追求成功的方法，心動不如行動，處在幻想中是不現實的，行動才是決定成功的最佳方法。

為了自己的夢想，為了自己的未來，我們要努力拚搏，將渴望變成行動。千里之行，始於足下。讓我們行動起來吧！

今日事今日畢，絕不拖延

「明日復明日，明日何其多。我生待明日，萬事成蹉跎。世人若被明日累，春去秋來老將至。朝看水東流，暮看日西墜。百年明日能幾何，請君聽我明日歌。」

這首〈明日歌〉大多數人都聽過。可是要弄清楚其中的含義，並且身體力行的人並不多。生活中我們也經常聽到有人說「從明天開始，我要計畫怎麼做。」其實這樣的說法可信度並不高。我們不要總是把事情都推給明天。要把握好生命中的每一天，所以，什麼事情無論開始還是結束都不要指望明天。

惰性在每個人身上都存在。可是有的人總是控制不了自己，讓那些惰性因素在自己身上越來越有依賴性。這些人在生活中總是喜歡把今天沒有做完的事情拖到明天再去完成，並且找出各種各樣的理由來說服自己。其實這種做法是不可取的。讓我們想想，要是人人都這樣，那這個社會還怎麼發展。看看那些成功的人，他們對自己要求多嚴格，總是今日事今日畢。

日事日清是一種積極向上的生活態度。古人云：「一寸光陰一寸金，寸金難買寸光陰」，這在現代人看來，依然具有很重要的現實意義，值得我們去思考。可是能有多少人真正地思考過，當日子一天天的消逝時，我們到底做了些什麼？又有多少人能掌握時間，在同樣的歲月中找尋生命的意義呢？昨日已經成為過去，明日還沒到來，所以對我們來說，充分將今天的時間利用好、分配好，才能用無數個今天贏得豐盈的人生。

一個人的精力往往是有限的。人的精力能在成功之中因鼓舞而增加，但它也會在拖延之中衰竭。如果一個人要提升自己利用時間的效率，那就應該採用較小的時間單位，這樣做才有緊迫感，從而將自己的效率提高。比如用分鐘來計算時間的人，其工作效率可能比用小時計算時間的人高出不少。所以，我們在日常生活中處理事情的時候可以給自己定一個時間範圍。

日事日清，今日事今日畢，說起來並不是一件難事，可是要真正嚴格去執行的人卻沒有多少。因為我們在做事的過程中總遇到一些難以想像的干擾因素。所以，我們要學會拒絕外在的誘惑，對自己所追求的目標始終如一，長期下來就能形成良好的做事習慣。

一位偉人曾經說過這樣一句話：「播種一個計畫，收穫一個習慣；播種一個習慣，收穫一個思想；播種一個思想，收穫一個行為；播種一個行為，收穫一個成功。」所以，我們應該把日事日清的原則牢記於心，讓它滲透到我們的思維當中，時時刻刻指導我們行動，這樣一來，我們的收穫就會越來越多，就離成功越來越近。

成功人士的基本習慣就是做事不拖延，他們從來都不會給自己找拖延的藉口，這是因為他們明白一切拖延行為對自己的目標沒有任何好處。所以，我們要在自己的心理上形成一個今日事今日畢的意識，當我們去做事的時候，要拿出自己的堅強和毅力，克服一切有礙於我們任務的因素，切切實實將自己的計畫在要求的時間內完成，將日事日清的原則落到實處。

第五章　活用腦袋，「錢途」好

從資訊中挖金，關注細節賺大錢

細節就像人體的各個細胞一樣，許多細胞組成了人體的各個系統，從而造就了一個完整的人體。同樣的道理，一個個細節就能彙集成一件件大事。誰能掌握住細節，誰就能掌握機遇。很多時候，在其他條件都相同的情況下，那些抓住細節的人往往就能取得成功。

出生於臺南的黃仁勳，在最新的「百大世界 CEO」中獲得了第二名。黃仁勳於一九九三年創立了繪圖晶片大廠「輝達」，成為美國最知名的臺裔創業家之一。時至今日，輝達的市值已經超過了一千三百億美元，甚至超越了臺灣知名富豪郭台銘的總資產。

能得到這樣傲人的結果，全憑黃仁勳的獨特眼光和精神。「公司距離倒閉只有三十天。」這是黃仁勳的名言，看似危言聳聽，實則充滿警惕。黃仁勳明白半導體市場的競爭有多麼激烈，一刻也不肯鬆懈，於是「輝達」的戒慎恐懼成為了公司成長的助力。公司剛成立二十年，起初都是製作電玩用 GPU，直到過去幾年間，各界陸續發現 GPU 可以大幅加快訓練機器學習演算法的速度，很適合運用在 AI 人工智慧產

業。於是黃仁勳正式帶領公司從電玩步入人工智慧領域。二〇二一年九月，黃仁勳以四百億美元收購英國設計公司「安謀」，「安謀」的專長是設計智慧型手機的晶片，而「輝達」想做的是藉用「安謀」的設計能力來為資料中心與人工智慧用途設計中央處理器，恰好與內部正在製作的圖形處理器的專長相輔相成。由於兩間公司各自在專有領域上具備堅強的實力與市場，「輝達」在加速運算領域上可謂是無懈可擊。而當「輝達」正式跨足 AI 人工智慧的「推論」領域時，不再只是訓練模型，還要實際操作。過去，都是交由 GPU 執行，但如今像語音辨識功或內容推薦這類需要即時執行的大規模 AI 模型，愈來愈需要仰賴專屬 GPU 提升效能。而這就是黃仁勳併購「安謀」的關鍵，購入「安謀」可補足輝達在 GPU 領域中的不足。「安謀」的強項與「輝達」互補，使「輝達」的 AI 產品更為完善。

細節往往能創造財富，就看我們能不能做個有心人，能不能在生活中注意觀察細節並抓住細節。如果練就一雙慧眼，不放過細節，那我們就能成為競爭的勝利者。

人之所以窮苦，是因為沒掌握住時間

很多人之所以無法致富，是因為他們把大量的時間都用來享受。致富的機會在悠閒之中被白白浪費。所以窮人之所以窮，就是因為他們對時間沒有概念，有時候甚至覺得自己過得太無聊，不知如何打發時間。倘若一個人可以因為多花一點錢買一些白菜而覺得懊惱，卻不為自己虛度一天而感到心痛，這就是窮人的思維。

一個人無論以什麼方式賺錢，無論賺了多少，都要有個時間的沉澱過程，這是必不可少的。時間是非常寶貴的資源，對人人來說皆是平等。可是這個資源在窮人眼裡總是被白白浪費。

古人云：「一寸光陰一寸金，寸金難買寸光陰。」所以，我們應該管好自己的時間，用有限的時間儘量多做事。要做到每天有計畫，人生有目標。成功人士向來都是很珍惜時間的，他們往往能將自己的時間得到很充分地利用，甚至將一分鐘當作兩分鐘用。人人都想取得成功，可是人人都能珍惜時間嗎？不能珍惜時間，那想取得成功就只能是天方夜譚。

時間和金錢是成反比的。比如我們從一個地方到另一個地方，選擇大眾交通運輸或者走路當然可以節省開銷，但如果有重大事情要處理，我們寧可付雙倍的錢乘坐計程車，過程節省了不少的時間。多爭取到一點時間，就能多一點機會。往往那些無法致富的人，總覺得自己的時間很充足，而一個家中富裕的人一定不會視時間為無物。在不同的人眼裡，時間的重要性也不同。像比爾蓋茲這樣的世界級富豪，時間觀念往往是非常強烈的，不會浪費一分一秒的時間。不值錢的只有窮人的時間，他們有時甚至不知道怎麼打發時間。

在日常生活中，也經常看到這樣的人，當自己的學習或工作任務沒有按時完成的時候，他們往往不先認真反省，不找出原因，總是給自己找無數的藉口，不管這樣的藉口是否成立，都不應該有這種想法。因為一旦產生了找藉口的想法，就會給自己帶來消極、安於現狀的態度和生活習慣，這樣一來，原本可以利用的時間都會被浪費。雖然我們沒辦法將一天變為二十五個小時，但我們可以對自己的時間進行有效地管理。著名音樂家貝多芬曾經說過：「人擁有的東西沒有比光陰更重要、更有價值的了。」對於那些珍惜時間的人來說，就是他們滴落在大地上的汗水也能變成無價的珍珠；而對於那些浪費時間的人來說，即使他們手握珍珠也能被時間沖刷得一無所有。

有人曾精闢地說：「真正的時間只有三天——昨天、今天和明天。」昨天已經不可能重來，而明天還沒有到來，所以我們當下能夠好好把握的就是今天。今天是上天賜予我們的禮物。窮人之所以貧窮就是因為他們沒有真正的做到珍惜時間，而富人之所以能富裕，是因為他們懂得時間的寶貴。魯迅先生曾經說過：「無端地消耗別人的時間就是圖財害命。」事實上，浪費了自己的時間，也就相當於在浪費自己的生命。

這就是窮人和富人的差別。所以，我們要讓自己走上成功之路，要擺脫貧窮，就要學會珍惜時間，不浪費時間。要根據自己的實際對時間作出合理的安排，要養成像富人一樣遵守時間的習慣，將自己的工作和生活打理得井井有條。

思路打通了，財路也就打通了

有思路就有財路。一個企業有沒有好的發展策略，決定了能否創造出巨大的財富！生活中，要學會打開思路，不放過每一個新奇的念頭。因為我們的大腦時時刻刻都在運轉，腦海中每天都有不同的想法和念頭閃現，但絕大多數人都沒有重視它，沒想起將這些念頭付諸行動，只是讓它一想而過。其實，這些念頭中總是蘊藏著良好的商機。成功獲取財富的人和窮困一生的人就只有一點差距，成功的人能抓住這些念頭，即使它不完整，尚未成形，也能看見未來的轉機。

因此，我們說：「智慧創造財富，思路決定財路。」思路的力量是巨大的，一個好的思路能助我們一臂之力，使我們成功；而一個負面的思路可能就會把我們推向深谷。

比如有兩個銷售人員，同時去考察非洲市場，而他們要在當地推銷的產品是運動鞋。到非洲後，他們發現這裡的人都是赤裸著雙腳走路。其中一位銷售人員很失望，他認為成功的機率微乎其微，使他對這裡的市場失去了信心，於是準備起程回國。而另一個銷售人員則認為，正是因為他們沒有穿鞋，或許鞋子在這裡會有很大的市場。於是，他便給當地的民眾進行宣傳和講解穿鞋的好處，漸漸打開了市場，獲得了巨大的成功。

面對同樣的市場、同樣的人群，一個人因灰心失望，不戰而敗；而另一個人充滿信心，獲得成功，這就是思路產生的巨大差別。就像在生活中，面對同樣一個問題，有的人能創造出奇蹟，而有的人十分茫然；同樣一條路，有人看到的是光明和希望，而有的人看到是黑暗和絕望。同一個事實，看問題的方法不同，結果就不同，這就是人和人之間的差異。

那麼人與人之間的差異是怎樣出現的呢?專家研究顯示，事業取得巨大成功的人，無論是生物學家達爾文還是物理學家牛頓，他們都有共同的成功之道——思想先行。千里之行始於足下，讓我們思想先行一步，敞開視野，打開思維，為我們的人生構思吧！我們「心念」的意向與強弱，就是我們貧與富、成與敗的風向標。

這個世界上沒有走不通的路，換一種思路，或許就能看見最亮的那顆星。思路決定出路，打開了我們的思路，就打開了我們的出路，打開了我們的財路。任何成功最初僅僅是一條思路，任何失敗最初也僅僅是一條思路。思路是一個人做事情的思維和發展的眼光，它決定了個人成就的大小。所以，思路決定出路，創新推動發展。在逆境和困境中，有思路就有出路，在順境和坦途中，有思路就會有更廣闊的前景。

冒險是有錢人的天性，有冒險才有富翁

人生在世，如果沒有適當的冒險精神就不可能造就成功。俗話說：「捨不得孩子套不住狼。」如果總是生活在安逸的環境中，不去冒險追求，那麼夢想就永遠只能停留在想像階段，始終不能成為現實。可以說，無論在哪個行業，無論在哪個領域，只要是能做出巨大成績的人，就沒有不敢冒險的。他們正是靠著勇敢去面對自己所畏懼的事物，從中找到了突破口，從而造就了自己的成功。

美國石油大王保羅．蓋提就是一個勇於冒險的人。在事業成功之前，他走的道

路很曲折。在讀書的時候，他最初嚮往成為作家，立志長大後當一名作家。可是後來卻發現自己並不適合當作家，因為他寫不出東西。後來，他又決定從事外交工作。可是他漸漸發現這些也都不是自己的興趣。當保羅畢業後，又發現石油業發展異常迅速，於是他打算向這個方面發展。當年，他的父親也是在這方面發財致富。進入石油業雖然偏離了他的主要方向，可這也是他的機會，他決心去試試。

於是，他向父親借了錢，便開始鑽井，將自己的目光從競爭激烈的地帶投向了未被開發的地帶。當時在很多人看來，保羅的做法太冒險，他所選的鑽井地幾乎沒有人認為能找到石油。可是他還是冒險去試。在剛開始的時候，保羅投入了不少錢，在好幾處地方都沒有找到油井。但他還是沒有放棄開採石油的希望。依然要繼續在這個行業發展。

到了一九一六年的時候，他幾年來的冒險投資終於有了果實。就在別人認為沒有石油的地方，他打出了一個高產油井。就是這個高產油井讓他的財富瞬間攀升，僅僅過了五個月的時間，這口油井就給他帶來了一百萬美元的收入，這時候的他才二十四歲。這一百萬美元讓保羅在石油界站穩了腳跟，所以他開始積極投資與運作，最終成了美國石油大亨。到一九五七年的時候，保羅成了世界首富。保羅的成功與他勇於冒險的精神有著極大的關聯性。如果沒有投入石油界的想法，或是當時沒有將自己的眼光投入到沒人注意的地區，他就無法順利致富。

在生活中，適當冒險是值得的。只有那些善於抓住機會並能適度冒險的人，才更容易取得驕人的成績。我們身邊也有些人很聰明，因為對不測因素和風險看得太清楚了，所以就不敢冒一點兒險，結果自己也就失去了不少機會，總是原地踏步。而事實上，適度冒險並不可怕，只要從風險的轉化和準備上做好策劃，問題就會一點點解決。

錢是賺來的，不是想來的

當我們有了強烈的賺錢欲望時，才能促使我們不斷努力，不斷發現賺錢的方法。其實生活中有不少人渴望致富，可是他們的想法從來都只是想想而已，不付諸行動，甚至幻想一夜暴富。這是不可能的事。

所以，我們在日常生活中可以從這些方面做起：

第一，努力工作。想要賺錢，就要努力工作。懶惰的人是不會有財運的。現代有許多人寧願相信賭博等一夜致富的噱頭管道，也不肯腳踏實地地工作。殊不知獲利愈高損失愈高，許多人一旦在賭場上獲得一筆不小的數目，便像毒癮上身一般無法脫身，最終落得流落街頭。

曾經有一個人說：「我小時候做過一段時間的工，負責剷除屋頂的積雪。雖然這項工作比較危險，可是我還是堅持了下來。因為每次拿到自己辛苦賺來的幾百元錢時，我的確太感動了，那種心情簡直無法用語言表達。對我而言這些錢很有價值，讓我對未來的生活充滿了希望，也讓我從小就知道了，透過自己的努力去賺錢才是可靠的。」

第二，心動不如行動。無論做什麼，僅僅靠想法是遠遠不夠的。要想到還要做到。單純的心動是沒有任何意義的。賺錢需要勇氣和挑戰心，付出實際行動才可能走上致富之路。所以，不要忘記採取行動。

有人能順利成為大富翁，不外乎一個共同的原因，那就是行動。只要有賺錢的念頭，馬上就去執行自己的計畫，並且持續不懈怠地努力，最終獲得成功。這些舉世聞名的億萬富翁在成功之前所擁有的條件和我們普通人是完全一樣的。我們每個人成為富翁的機會都是相等的。所以，在起點條件都相同的情況下，能否賺到大錢就要看我們有沒有這個決心，有沒有勇於挑戰的魄力，能不能把自己的想法用到實踐中去。

第三，要給自己制定一個賺錢目標。不限制自己獲取的金額數量，相信自己的潛能。每個人都有潛能可以發揮。

第四，要明白越能低頭越能賺錢的道理。當年，近藤廉平剛進入三菱公司的時候，因為他出身豪門，同時是日本著名的劍士，要對顧客做到恭恭敬敬地對待，這對他來說的確有比較大的困難。

於是時任三菱董事長的岩崎就拿著一把貼滿鈔票的扇子給了他，並說：「我們生意人，就要懂得賺錢。和氣生財，愈能低頭的人愈會賺錢。」

第五，要懂得誠信，這是很重要的。做人要有誠信。賺錢也要懂得誠信。比如做生意，如果不講求誠信，只為了一些眼前的利益，那麼最終只能搬起石頭砸自己的腳。

有這樣一個故事：一對年輕人開了個酒坊，兩人勤勞踏實，生意一直不錯。有一次，丈夫要出次遠門，一個月後才能回來。臨走之前他囑咐妻子照顧好家裡，同時也告訴妻子一定要按照他們原來的步驟一步一步釀酒，切莫偷工減料。

原本妻子連聲答應，然而丈夫一走後，妻子轉身便往酒裡加入清水，心想這樣不僅能賺更多的錢，也省時省力。在利益的驅使下，妻子完全忘記了丈夫出門前的囑咐。

一個月後，丈夫高高興興地回來了。卻發現酒鋪門可羅雀。他趕忙問妻子發生了什麼事。傷心的妻子把事情的來龍去脈一五一十地告訴了丈夫。儘管表明了自己的懊悔，生意卻再也回不來了。

誰說弱不能勝強，巴蛇也能吞大象

取得成功的人士，往往不是因為擁有好的條件，也不是碰巧擁有好的運氣。最關鍵的因素就在於這些人有敢為天下先的勇氣。能想到，還要能做到，敢想就要敢做，這是贏得勝利不可或缺的因素。

我們生活在現代社會，經常會聽到人們談論「競爭」這個話題。在當前的發展過程中，我們離不開競爭，這也是時代的需要。因為有競爭才有動力，有競爭才能看到差距，有競爭才能作出最大的努力。所以，公司與公司、人與人之間都存在著激烈的競爭。適者生存，當我們面臨如此激烈的社會現實時，我們應該怎麼做才能成為最終的勝利者呢？為此，我們不妨從古今中外的名人事蹟中作個探索。

當年，倘若在歐洲封建教會的「地心說」氾濫的時候，尼古拉・哥白尼不敢將自己的「日心說」理論提出來與之對峙，那麼他就不會被這個世界所銘記；倘若達爾文在發現了「神創論」和「物種不變論」的錯誤後不敢站出來大膽質疑，那麼他的「進化論」也就不會被人們所知曉，世界也就因此而少了一位偉大的科學家；倘若東漢時期的張衡不敢衝破當時社會的封建迷信，就不可能發明出「地動儀」。其實這樣的事例還有很多很多。從這些事例中，我們可以看出這些取得豐功偉績的科學家們，他們的成功憑藉的就是「敢為天下先」的精神。在人類社會的發展史上，如果沒有他們的貢獻，或許直到今天，我們都還徘徊在愚昧的時代。

在改革開放的浪潮中，就有不少人憑著「敢為天下先」的精神，去進行了大膽地嘗試和勇敢地創新。在新問題、新事物面前，他們沒有退卻，堅持了下來，所以就有了今天的輝煌。很多企業家都乘著改革開放的春風，憑藉良好的機會，加上自己敢為天下先的精神去探索如何成功，他們最終也取得了成功。

「敢為天下先」是一種積極上進的精神，是一種創新的精神，這種精神擺脫了舊有的風俗、傳統觀念的束縛，衝破密佈的烏雲而見到燦爛的陽光。相反，「不敢為天下先」，則是非常保守、被動的，這完全和現代高速度、快節奏、充滿競爭的社會現實相背離，是很不可取的。一旦我們的腦海中殘存著這樣的思想，那對我們未來的人生路沒有任何好處，而且還會漸漸腐蝕我們的思想，讓我們漸漸墜入消極的深淵。

所以，要成為競爭的勝利者，「敢為天下先」務必保持。在這種精神的推動下，我們才可能不斷前進，才能闖出一條成功之路。否則，就只能成為碌碌無為的人。

因此，我們不要總是以為小蛇就是弱者，往往在關鍵時刻，這樣的弱者能戰勝像大象一樣的強者。因為牠們有勇氣，牠們不退縮。同小蛇一樣，很多人的成功，並不是說他們有著比常人高出很多的智慧，而是「敢為天下先」的勇氣給他們幫了大忙，把他們推上了成功之路。

在工作和生活中，當事情進展得不順利時，我們該如何應對呢？雖然說人人都可能有一個走向成功的夢想，可是能真正在實際行動中執行的人能有幾個？在創業的初期，雖然我們可能沒有資本，可是敢想、敢說、敢做就是我們無形的資本，這些都能成為我們問鼎成功的條件。

像富人一樣思考，誰都可以致富

人人都很羨慕成功者，人人也都想取得成功。可是，究竟如何才能學到成功人士的經驗和他們思考問題的方式，這對我們有著非常重要的意義。倘若我們懷著一顆致富的夢想，去向富人的思維習慣漸漸靠攏，而且能抓住他們和常人的不同之處，這就漸漸縮短了我們同富人的差距。

從富人身上取經，能讓我們直接學到很多對自己的人生有幫助的東西。我們不但要學習他們成功的經驗，同時也要學習他們的奮鬥精神，最為重要的就是我們要從他們那裡認識到如何給自己樹立一個合理的目標，如何在日常生活和工作中掌握機遇。

我們換個角度來說，個人財富的多少其實都是由財富以外的因素所決定的，當我們同樣具備了富人所擁有的特質時，走上富裕的道路也不會過於困難。從現在起，用富人的思維來要求自己，對身邊的那些很不起眼兒的小事，也要以富人的眼光去看待。

富人通常都很熱衷於儲蓄。積少成多。把儲蓄的財產做投資，用錢賺錢，錢就會越來越多。曾經有位身價上億元的富豪向自己的朋友抱怨說：「我想了很久，還是想不起來我那一百塊錢到底是丟到什麼地方。」這句話並不是說富人吝嗇，而說明了富人非常珍惜自己手上的每一元錢，因為他們很清楚自己的這些財富都是一點點累積起來的，所以他們雖然很有錢，但一定不會隨意浪費。

研究表明，富人在工作上要比一般人努力好多，有百分之七十的富人表示自己一周的工作時間超過了四十個小時。另外，富人與我們一般人的另一個不同點，就是擅長理財。

有位成功人士曾經說：「人如果學會了花錢，這時想要控制住自己享受的欲望就會很困難。當然會花錢並不是什麼壞事，這最起碼說明我們懂得怎樣去享受生活。但是如果不想辦法賺錢可不行，特別是當我已經進入到富人的行列中時，才發現，原來富人們的生活並不像我以前想像中那樣奢侈，在我接觸到的絕大多數富翁中，他們中有的人資產是我的好幾倍，可是他們花費每一筆錢的目的都是非常明確的。」

不要小看了生活中的那些小細節，很多時候就是細節成就一個人的事業。曾經有一位白手起家的創業者，想把自己的創意融入到玩具產品裡，圖都設計好了，卻找不到合作的廠商，這讓他感到很納悶。一次無意中看報紙的時候，他找到了幾家生產廠家。好不容易找到的機會，他怎麼捨得放棄。於是立刻打電話聯繫廠家。也順利找到願意合作的廠商。原來，這是一家小工廠，他們的生意都很冷清。廠長在電話裡說只要有一點利潤就可以了。於是，這筆生意的成功為他獲得了人生第一桶金。後來，在他不斷努力下，終於走入了富人的行列。

就是生活中的這些看似不起眼兒的小細節，卻在他們眼裡成了巨大的機遇。所以我們應該對這些細小的東西多加思考，並且和自己的生活方式做一個對比，看看我們在哪些方面做得還不夠，那就在這個方面多下些工夫。相信這些細節能讓我們得到不小的收穫。

面對工作和生活，腦袋比「手腳」更重要

有一則寓言故事敘述，四個年輕人去銀行貸款。銀行同意給他們每個人都貸一筆錢，可是有一個條件，每個人都必須在五十年內將貸款的本息一併還清。

第一個年輕人在接下來的二十五年中先好好享受了一番，再打算在自己生命的最後二十五年裡給銀行還款。於是他每天都過著奢華的生活，花天酒地。可是直到他去世的時候依然負債累累。這位年輕人叫「奢侈」。

第二個年輕人在接下來的二十五年中，非常努力工作，終於在五十歲的時候把所有的欠款都還清了。可不幸的是剛剛還了款，他就因為勞累而病倒了，沒過多久他也離開了人世。他的名字叫「勤勞」。

第三個年輕人直到七十歲的時候也終於將債務還清，可是沒過幾天就去世了，他的名字叫「執著」。

第四個年輕人辛辛苦苦工作了三十年，等到五十歲的時候還完了所有的債務。在剩下的二十年中，他成了一名探險家，走過了地球上許多國家的山山水水。他去世的時候，面帶微笑。後來他的名字一直被人們所傳頌，他就是「智慧」。

這四位年輕人所貸的鉅款其實就是時間，而當年貸款給他們的那家銀行叫「生命銀行」。這則寓言故事給我們展示了四種不同的人生態度——奢侈、勤勞、執著和智慧，而最終真正獲得了幸福的只有智慧。這說明，我們的人生僅僅依靠勤勞還是遠遠不行的。

生活中這樣的例子並不少見。同樣都是在工作，雖然有些人看起來忙忙碌碌，可是最終沒有多少成果；而有的人卻在努力尋找解決問題的最好方法，他們要盡自己最大的努力把事情做好。這兩種人都是在解決難題，可是效果卻完全不一樣。那些埋頭勤勞的人，年復一年，總是重複著手邊的工作，這對他們來說已經沒有任何新意了，當然也就沒有任何吸引力了，於是做起工作難免沒有熱情，難免出現差錯，他們甚至對自己的工作失去了積極上進的心態。相反，聰明的人則會從要解決的問題入手，找到解決問題的最好方法，從而就可達到事半功倍的效果。

而這種事半功倍也往往是發明創造的開始。生活中，絕大多數新發明都是發明家們忍受不了日復一日、年復一年的辛苦勞作而發明的，他們不斷在工作中探索和尋找，透過艱辛的努力終於找到了一些更快捷、更輕鬆、更安全的辦法，這就為我們減輕了不少的工作壓力，也將我們的工作效率提高了很多。

對待工作，僅僅依靠勤勞還是遠遠不夠的。方法比勤奮更重要，腦袋比「手腳」更重要，想好了，找對了思路和方法，才能把事情做得更好。

合理安排時間，辦事井然有序

魯迅先生曾說：「浪費別人的時間，無異於圖財害命；浪費自己的時間，無異於慢性自殺。」凡是不能合理利用自己時間，總是把事情往後推的人，我們能期待他們在事業上取得成功嗎？只有能根據事情的輕重緩急而合理安排時間的人，才是能夠得到勝利的人。

對於我們來說，要養成好的利用時間的習慣，那就要像別的習慣一樣從小培養。倘若一個孩子對父母吩咐做的事情總是說「等一等」，對學校叮嚀的回家作業常常遺忘，若從小就養成這樣鬆散的習慣，長大後對時間的掌握程度便容易遲鈍，從而影響自己的一生。

有人曾說過這樣的話：「準時在君王是一種禮貌，在臣民是一種義務，對辦事的人是像衣食一般的需要。」所以對我們來說就是對自己的業餘時間也要安排好。往往這些業餘時間能造就一個人，也可以毀掉一個人。

利昂．阿爾伯弟是十五世紀早期義大利商人開辦工廠中的一個合夥人，他曾寫過的信件保存至今。從他的信件中我們可以看出，年輕時候的阿爾伯弟是現代時間管理的先驅者。他寫道：「早晨起來，我做的第一件事就是對自己說：今天該做什麼？這麼多的事情要做，我盤算著、想著，然後，把時間配置到各種事情中去。」接著他又寫道：「我寧願少睡點覺，也不願意失去時間，嚴格要求自己，做該做的事情。睡覺、吃飯都可以明天去做，但今天的生意絕不能等到明天。」阿爾伯弟告誡自己：「要經常看時間，要合理分配時間，要一心撲在事業上，絕不能白白浪費每一小時的時光。」他的勉勵讓自己寫出了這樣的詞句：「只知道珍惜時間還是不夠，還必須知道怎樣利用時間。」

時間，每天都是二十四小時。同樣的二十四個小時，有的人可以獲利幾百萬，甚至上千萬，有的人卻一事無成，關鍵是怎麼利用。若是珍惜，時間就化作了你的財富；若是虛度，就是浪費。

看似並不多的業餘時間，卻讓他們之間有了這麼大的差距。由此可見，時間的合理安排和利用，對我們有多重要。

人的生命是有限的。如果我們在有限的生命裡，學會利用自己的時間，在同樣的時間裡做更多的事，那麼我們就擁有了更多做事的本錢。時間具有雙重性，最慢也最快，最小也最大，最長也最短。有人說，時間就像一塊海綿，要靠一點一點地擠出來；也有人說，時間更像一塊邊角材料，要合理利用，只有一點一滴地累積，才會得到充足的時間。

第六章　「三寸之舌」，贏得人心

瞄準好目標，針對不同目標來說話

講話就是為了讓別人聽，要讓人家能聽懂、聽清、聽得進去我們所說的話，我們就要注意我們正在說話的「對面目標」。

往往對於同一個意思，不同的人就可能會採取不同的表達方式，而同樣一句話，不同的人聽了就會有不同的反應，甚至會產生完全相反的反應。所以說，我們如果忽略或無視這一要求，就必然會給交際帶來不好的影響，甚至還會使交際無法正常進行。

在交流時要注意語言風格的差異。比如漢語，使用的人遍布全國各地，但每個地區都有自己的語言習慣，這為各國人民的口頭交流帶來了不便。同樣的話在不同地區可能會有不同的意思，所以說，交談時要注意在語言上的差異。

由於人們所處的地域不同，所以形成了不同的風俗習慣。不同的交談可能會有不同的風俗習慣。如果不注意當地交談的風俗習慣，也可能會造成失誤，影響交際。

一位澳洲商人來到一家公司洽談生意。澳洲商人剛走下車，公司的經理立刻上前歡迎，用粗糙的英文文法問了一句：「您吃過早飯了嗎？」

澳洲商人愣住了，他看了看周圍的人，看了一下手錶，覺得莫名其妙。他問身邊的翻譯人員：「這家公司沒有邀請我吃飯呀！現在都十點多了，難道還沒吃早飯嗎？」翻譯人員才反應過來，連忙為他解釋，才避免了一場誤會。

西方國家的風俗和東方有較大的差異，比如詢問對方是否用餐，西方人認為這是邀請的意思。假如西方人回答「還沒有吃過」，詢問的人卻不發出邀請，西方人就會認為被愚弄而感到不開心。例子中的經理因不了解東西文化差異，用一句東方習慣的客套話「您吃過早飯了嗎？」來問候，但是但是生在西方國家的澳洲商人無法理解，險些造成誤會。這就告訴我們，說話要注意彼此交際的習俗，即使客套話也不例外。

交談中還要注意，不可提起會讓對方感到傷心、錯愕、過於隱私等之類的事情。注意說　話的場合，該說什麼話就說什麼話，尺寸拿捏得當，就不怕交談間漏洞百出。

說話要掌握好掌握時機說話要掌握時機

說話是雙方的共同行為，而不是一個人單方面的行為。因此我們在和他人進行交流的時候必然要注意自己的談話的時機、場合等情況的限制。倘若我們說話的時候沒有掌握好時機，容易失去了發表自己意見的機會；同樣的道理，倘若我們沒有注意到自己談話的心態或者說話的場合，或者搶著發言，這樣的做法都可能對交談造成影響，讓對方誤解甚至反感。所以，我們和人說話的時候，一定要察言觀色，瞅準時機，該出口時才出口。

在春秋戰國時期，楚國有一位名臣叫安陵君，因為能言善辯，經常能將話說得恰如其分，所以他是楚王眼中的寵臣。原來在說話的時候，安陵君並不是把自己想到的話說出來，而是看重說話的時機。

安陵君有一位叫江乙的朋友，曾經問過一個問題：「安陵君，你沒有任何土地，也沒有至親，卻依然能身居高位、享受著優厚的奉祿，國人敬仰有加，看見你都要整衣跪拜，接受你的號令，你是怎麼做到這點的呢？」

安陵君謙虛地回答說：「這是大王的優待啊，否則的話我怎麼能有這麼高的待遇？」

江乙聽了他的話後，有所顧慮地說：「依靠錢財相交這是不可靠的，要是有一天錢財用盡了，兩人之間的交情也就斷了，這就相當於靠美色相交的人，一旦美色衰老對方就會情移。所以這位女子也就會被人拋棄，倍受寵愛的臣子也有被驅逐的一天。當前的情況下，您掌握著楚國的大權，但是沒有辦法和大王深交，所以我有點替您擔心，我覺得您目前的處境並不容樂觀。」

安陵君覺得江乙說得很有道理，所以便請他指點迷津。

江乙說：「希望你有機會對大王說『願隨大王一起死，以身為大王殉葬。』要是你能按照這樣的方法去做，你在楚王心目中的地位會更加穩固。」

安陵君雖然把江乙的話記在了腦海裡。可是過了很長時間，安陵君還是沒有對楚王說這些話。江乙有點著急，他找到安陵君說：「你在朝廷的地位已經讓事態刻不容緩了，該怎麼做我都說了，你怎麼還不對楚王說呢？」

安陵君急忙回答說：「我已經決定就按照您的說法在楚王面前說了，只是這麼長時間以來我一直沒有找到合適的機會。」

就這樣等了又等，終於等到有一天，楚王外出打獵，他一箭射死了一頭狂奔的野牛。這讓隨行的臣子和護衛都感到很振奮，他們齊聲稱讚楚王的好箭法。這時候，楚王也特別高興地仰天大笑道：「真痛快！今天遊獵，寡人終於感到了快活！待寡人萬歲千秋之後，你們誰能和寡人共有今天的快樂呢？」

正好，安陵君需要的就是這個機會，他走到楚王面前淚流滿面地說：「臣自從進宮後，就與大王同共一席，擋螻蟻，這是臣今生的福分啊！」而楚王聽了安陵君的話，非常感動，從此以後便對他更加寵信了。

從這個故事中，我們能看出掌握說話的時機多麼重要。而找到最佳時機就需要我們有充分的耐心，同時也要做好準備，以等待時機成熟。古人云：「事者應變而動，變生於時，故知時者無常行。」安陵君的聰明之處，在於他非常有耐心，而在他的耐心等待中終於盼來了楚王歡欣而又傷感的時刻。在這個時候再向楚王說出他的心裡話，不但能感人肺腑，而且也能愉悅君心。所以他成功了。

所以，我們在和別人溝通的時候不要一切都以自己為中心，應該站在對方的角度看看我們要說的話是不是適當，對方能不能接受。當然，我們不能忽略說話的時機，不要忘記自己交談的禮節，要注意自己說話時候的措辭。當我們把所面臨的問題進行了全面的考慮後再根據時機提出自己的意見，這樣的話對方就可能很容易接受。否則的話，對我們的交流和辦事沒有任何好處。

我們可以從注重以下幾點來掌握說話的時機：

第一，倘若需要反映情況或提出批評建議，我們要在對方心情比較平和的時候再向他反映，既可避免紛爭，也容易使人冷靜。

第二，當我們勸說別人的時候，應當在雙方的感情和認識差距縮小了以後再開口勸說。比如銷售人員需要推銷自己的產品，他們對那些持拒絕態度的顧客，不提及自己的產品，而是先採用迂迴戰術，把對方的「武裝」解除之後，再展示出自己的商品，這樣一來成功的機率就大了很多。

第三，對於把握不足的事情，要先作出暗示。比如，同學對你說：「你有時間的話幫我借本書可以嗎？」「行！但不知圖書館有沒有，我去看看吧。」如果真的沒借到，對方也事先有了心理準備。

我們在和他人說話的時候，看準時機就能把話說到位，這樣對方聽了也高興，還能讓彼此的友誼更加深厚，同時也能為我們的為人處世增加一道防線。

插話的最佳時機

我們在和他人說話的時候，在通常情況下最好要等別人說完了我們再說，這是基本的說話禮節，當然我們可以適當地少插嘴。但少插嘴並不是說不插嘴，倘若我們被人罵得一無是處，卻還委曲求全，肯定是最壞的打算。我們都知道，人的沉默畢竟是有限度的。那麼要怎麼樣「插嘴」才能得到好的效果？我們需要掌握一些技巧——看準時機，見縫就鑽，明快簡潔。

在我們生活中的許多場合，我們都離不開和他人進行交談或請他人辦事。而不論是進行一般的談話還是請他人辦事，我們都會談論起各種問題。這時，插嘴也不失為一種套近乎的表現形式。如果插話很到位，就能取得事半功倍的效果，如果插話不適當，那麼就可能會讓事情變得更糟。

所以，我們可以適時插嘴發表自己的觀點。交流的時候，有說話者，當然也有傾聽者。傾聽的人不能總是一言不發，而應該根據情況發表一下自己的觀點，這樣在對方眼裡，最起碼他的話題引起了我們的注意，這說明他所說的話起了作用。對方的心理上會比較舒服。

一位老師正在課堂上興致勃勃地給學生們談著他對經濟形勢發展趨勢的看法，就在這個時候，突然一個學生站起來說：「老師，您剛才說得不對。」那老師一下子就怔住了，臉色一變，很生氣地說：「有問題下課再談！」

生活中這些事情比比皆是，學生之所以把事情搞砸了，是因為他沒有掌握好插話的時機，讓別人接受不了，於是別人感到不滿也就理所當然了。所以，我們要明白說話除了要注意場合外，掌握好時機也是不可忽視的一個因素，什麼時候該說，什麼時候不該說，切莫敷衍。

當我們想打斷對方的話語提供一些意見，或表示反對時，一定要先掌握對方的情緒。倘若對方正很有興致地闡述自己的觀點，就不要急著去插入自己的不同意見；倘若對方正針對我們發洩他心中的不平之氣時，也須暫時忍耐一下，不要插話。俗話說：「出門看天色，說話看臉色。」人的臉色往往是心情好壞的最佳寫照。一旦心情好，那麼萬事皆樂；如果心情不好，則舉事皆憂。所以我們插話或提反對意見時一定要考慮到這一點。對方心情不好，我們可以把自己的想法暫時擱置一下，等對方平靜下來，心平氣和、心情舒暢的時候我們再去說，這樣才會達到我們預期的效果。

當我們要插話時，還要注意以下這些方面的問題：

第一，要掌握別人談話的主題。我們在插話前要先聽明白人家在說什麼，說到什麼地方了，明白這些，我們才能確定自己應該插什麼話，可以插什麼話，在什麼時候插話合適。要是我們講的是一些跟他人談話沒有聯繫的的內容，會讓他人有厭煩之感。

第二，要注意自己的身份。要明白，一般情況下插話者只是配角，談話者才是主角。所以，多說話的應是主角，如果沒有得到主角的同意，我們插話不要說得太多，以免喧賓奪主。

第三，要注意禮貌問題。畢竟插話會打擾別人的思路或破壞氣氛，因此在插話前一定要獲得對方的同意。我們可以先禮貌地打聲招呼：「對不起，我插一句。」或「我可以插一句嗎？」吸引對方注意或征得同意後我們再發表自己的意見。

借他人之口，說自己的話

當我們有事情想求別人幫忙，可是有時由於種種原因，我們總是不好意思開口。這時，我們不妨可以試試透過別人的口，來說自己的話。求人辦事時，採用這樣的技巧，能收到不錯的效果。某些帶有負面含意的事經由「我聽人說」做開頭，就會減少尷尬；而對於那些有風險的話，如果由別人傳過去，就會有不少進退的餘地；不方便或者不想面對面的人，也可以透過兩者共同的朋友從中周旋，穿針引線，將要解決的問題順利解決。

當我們求人的時候，倘若用他人的話向對方傳達自己的心情與願望，這種方式也可以取得不錯的效果，可以在我們的交際中使用。

比如說「我聽同學說，你是個特別熱心的人，辦事認真細心，所以求你辦事肯定錯不了……」當然，我們也要注意，像這樣的話不能說得太離譜，否則就弄巧成拙。所以我們應該做一些調查和研究，瞭解了對方的大致情況後，說話也就不怕背離主題了。

或是我們可以向其他人打聽有關對方的情況。他人提供的情況是很重要的，特別是當我們與被求者的初次會面有重大意義時，我們就更應該盡可能多地收集對方的資料，多瞭解對方，也便於我們開始交流的時候有更多的話題。對於他人提供的情況，我們也不能全部照搬，還要根據需要進行適當的取捨，把這些資料配合我們自己的現場觀察和切身體驗靈活引用。另外還需注意一個問題，當我們向他人瞭解自己所要拜訪的人時，也要熟悉這位為自己提供資訊的人，和要拜訪的人的關係，否則資訊錯誤，便會弄巧成拙。

求人辦事，借他人之口說我們自己想說的話，這裡的學問也不少，當我們經歷得多了，這方面的經驗也就更豐富了。

適當地含糊其辭，你好我好大家好

不可否認，一個把話說得明明白白的人，往往能夠給別人留下好印象，而一個明確而堅定的表態更能夠讓別人感到可信。可如果在表態的時候把話說得過於絕對，不給自己留任何的餘地，那麼這就不是明智之舉了。

有些人為了防止別人抓住自己的把柄，在說話時往往都是選擇「模糊表態」的方式，說話含糊其辭，為自己留有餘地。比如說在工作中，一位主管因為某件事來徵求自己的意見時；或者是自己的朋友、同事有求於自己的時候，請你記住：在表明自己的態度時，千萬不要忘記給自己留一條後路。其實這樣做並不難，比如主管問自己對某件事情的意見來說，在表達完自己的觀點後，不妨加上一句：「這僅僅是我個人的觀點，最後還是請主管決定。」

說話的時候謹慎一些，事情順利完成，結局皆大歡喜是喜聞樂見的成果，可萬一事情出現了問題，那我們就可以避免一些麻煩。

有一位化妝品公司的銷售經理，在對新產品進行市場預測的時候，總是喜歡召開公司會議，而且還會邀請其他部門的主管以及員工一起討論，有的時候也會在會議結束之後徵求一些優秀人員的意見。

這時，公司裡新到職兩位員工，並且在一次會議上表達了他們的觀點，當時就得到了銷售部門經理和公司主管的認可，而且這兩個人在闡述自己觀點的時候，特別強調按照他們的方法一定可以獲得成功。

銷售部門經理當即就要求他們兩個人寫出一份詳細的銷售計畫表，並且表示公司一定會認真考慮他們兩個人的想法。

對於兩個剛來公司沒多久的新人來說，銷售經理的這番話讓他們欣喜若狂，作為新人，這麼快能夠得到部門經理和領導的認可，是一件不容易的事情，他們認為自己表現的機會來了。可是當銷售經理按照兩人的銷售計畫推出新產品之後，銷售情況卻始終不樂觀，這讓銷售經理非常惱怒。

最後沒有辦法，公司調整產品的銷售方案，可是當公司追究這個問題的責任時，兩為新人自然就成為了公司的「罪人」，不但被主管狠狠地批評了一頓，還扣除了獎金。

其實，兩位新人最大的問題不是說錯了話，而是不懂得含糊其辭，最終讓別人抓住了把柄。當別人向我們徵求意見的時候，包括闡述自己的想法時，我們一定要注意含糊其辭，話不能說得斬釘截鐵，最後加上一句：「這僅僅是我個人的想法。」既表達了自己的想法，又可以避免承擔一些本不該承擔的責任，從而達到明哲保身、留有退路的目的。

當然，含糊其辭的說話也是拒絕別人的最佳方法，這樣既給對方留下了面子，也不會讓自己為難。當別人向我們尋求幫助的時候，肯定希望我們能夠幫助他如願以償，能夠把事情完美解決，但是任何事情都不是絕對的，萬一由於突發原因沒有幫別人辦成就會讓他們對我們感到失望。所以最為明智的辦法就是別把話說絕，學會含糊其辭。

只有做到這一點才能夠進退自如，避免我們沒有幫成別人而影響到自己的人際關係，不至於讓對方對我們耿耿於懷，甚至把自己陷入絕境中。俗話說「事情有法，而無定法」，對於含糊其辭也是不可以模仿的，要懂得靈活應用，做到該明確表態的時候不含糊其辭；而該含糊其辭的時候不妄斷，話不說死。當然，我們要做到這一點並不容易，這就需要我們在平時要重視鍛鍊和培養自己的判斷能力、分析能力。

拒絕其實很容易，對方的理由最關鍵

在交際過程中，當自己處於不利的狀態時，為了尋找轉機，加強自己的立場，也需要找藉口拒絕對方。這個時候，如果你能靈活機智地用對方的話來拒絕對方，對方就會不再堅持，從而達到拒絕對方的目的。或是有很多的問題，我們可以巧妙地把對方設置在同樣的情景，以此來引誘對方做出他的判斷，從而讓對方明白自己的處境或意思，巧妙地拒絕對方的要求。

有個男人從一個朋友那裡借了一臺照相機，他一邊走一邊欣賞著，這時剛好另一位朋友迎面走來了。他知道這位朋友有個壞習慣，那就是知道了認識的人擁有一個有趣的東西，總是半強迫式地將東西借走。果然，這位朋友看見了他手中的照相機，非借不可。儘管男人百般推託，這位朋友依然故我。此時男人靈機一動，故作姿態地說：「好吧，我可以借給你，不過我要你不要借給別人，你做得到嗎？」朋友一聽，正合自己的意思。於是連忙說：「當然，當然，我一定做到。」男人還追加一句說：「絕不食言？」朋友趕緊繼續說：「絕不食言！」然而這位男人此時卻異常堅定地說：「我也不能食言，因為我答應過別人，這臺照相機絕不外借。」聽到這，這位朋友也只能放棄。

透過設問，拋磚引玉，以對方的回答來作為拒絕依據，使對方就此作罷。因為人不可以出爾反爾，自我推翻。在尋求拒絕的技巧過程中，要知道拒絕對方的最有力武器往往是對方自身。我們應該懂得引導對方的談話，從對方口中找到自己拒絕對方的理由。

不要吝嗇讚美，人人都需要鼓勵

每人都得到別人讚美和批評，同時每個人也都可以讚美和批評別人，但是誰不想得到別人的肯定？誰不想聽到別人的讚美呢？對待他人，要是少一些批評，多一些讚美的話，我們的生活不會更快樂和幸福嗎？讚美的力量是無窮的，也是每一個人都應學習的一門學問！

我們也可能常常遇到這樣的事，買東西的時候，各大企業商家會藉由批評對手的產品，進而提升自己產品的價值。同樣的產品，為了自身的利益而做出不同的結果。交際也一樣：當你貶低別人的時候，自己的身價並不會抬高。可是當你讚美別人的時候，你的身價就會因為你對他人的讚美而提高。

有一則小故事曾說，有一位心理學教授的諮商室來了兩位客人。一位中年婦女，身後站著一個衣衫凌亂、蓬頭垢面的女孩。中年婦女告訴教授，這個女孩是她的女兒，她整天不修邊幅，做事情漫不經心。她想知道自己的女兒為什麼會這樣消極頹廢？

教授聽完這位母親的訴說之後，對她說：「我是否可以和你的女兒單獨談幾句？」中年婦女同意了。教授發現女孩長得非常清秀美麗。只是她糟糕的打扮掩蓋了她的美。

於是，教授對女孩說：「孩子，妳是個美麗的女孩，即使你沒有打扮自己，妳依然非常美麗。」

「您在開玩笑吧！」女孩說話的時候不再像剛進來時那樣漠不關心，眼睛也明亮了許多。

「孩子，妳真的非常漂亮。不過你還沒有意識到自己的美麗。」教授的話帶著一絲惋惜。

「謝謝您。您知道嗎？在您誇獎我的時候，我覺得好像所有的自卑都沒有了。我感到自己找到了一種從未有過的自信。在我來您這裡之前，我的一切都很不順。母親的謾罵，同學的鄙視和諷刺。我感覺到自己整天都生活在自卑的氣氛之中，覺得自己一輩子都抬不起頭來，沒有希望，沒有夢想。」

「現在，找到了什麼感覺呢？」教授問道。「我覺得自己找到了自信！我再也沒有自卑感了！」女孩非常自信地說。

教授發現，眼前這位女孩具有非凡的領悟力，今後一定會有所成就。於是，對她說了許多鼓勵的話，給了這位女孩一些非常好的建議。

從此以後，這個女孩不再輕視自己，不再虛度光陰。擺脫了自卑感的糾纏，她好像換了一個人，處處表現出前所未有的自信。她發奮學習，挖掘自己的潛力，表現得就像一個成功者。後來，她的確成功了，成了一位出色的電影演員。

讚美使人進步。透過讚美可以告訴對方「應該怎麼做」，而且給人鼓勵，使人樂意接受；而批評主要是告訴對方「不該怎麼做」，但常常不說「該怎麼做」。所以，在批評過後，常常會使對方陷入挫折情緒中，而且下意識中，可能還會因為自己被否定而自我辯護並拒絕接受改變。在團隊中允許成員犯錯，並給他修正的機會，這樣才能促進整個團隊的進步。

美國著名心理學家威廉·詹姆斯曾說過：「人類本性中最深刻的渴求就是受到讚美。」而現實生活中的很多人都不會讚美，只會批評。他們往往很輕易地就能夠給予別人寒風似的批評意見，而不願意給身邊的人一點陽光般溫暖的讚揚。所以在人際交往的過程中，不要再吝嗇你的讚美，要大膽地讚美他人。讚美是這個世界上最好聽的聲音，恰當的讚美如一把火，照亮了別人的生活，也照亮了自己的心田。不僅有助於激發被讚美者的強大動力，還可以消除人際間的隔閡和怨恨，從而推動彼此的友誼健康發展。或許有一天會發現，自己的人生因為讚美而呈現出另一番美好的景象。

說話要幽默，處世要隨和

幽默是人們社交中的潤滑劑，它可以使人際關係變得寬鬆、和諧，富有情趣，讓人們在一種輕鬆愉快的氣氛中完成社交任務；它能使陌生人變為熟悉人，能給好的關係錦上添花，更能使尷尬的場面變得風平浪靜，煙消雲散。

生活中，難免會遇到充滿挑釁的問候，這時用幽默的語言回答會比直接駁斥取得更好的效果。如果你的幽默感很強，那麼，你的言談舉止就能夠吸引別人，幽默還可以巧妙地緩解尷尬或衝突的局面，使雙方擺脫窘困，也為自己的交際鋪平道路。當然，應當注意的是，幽默要適度、得體，太過分就會給人以油嘴滑舌的感覺，使人反感。幽默的人應具有豁達的胸懷，廣博的學識，機敏的應變和良好的修養。只有做到這些，才能運用自如。幽默不僅使人樂於接受，也使自己身心愉悅，受益匪淺。

幽默是身心快樂的支柱，是生活的源泉。說話風趣詼諧，幽默睿智，這是很高的藝術。在社會談話中運用這種藝術會收到好的效果。與別人初次見面，幽默的話語會給對方留下好的印象。當雙方發生矛盾衝突時，幽默的談話會冰釋前嫌。具有幽默感的批評性談話，容易讓人接受。工作勞累的時候，幽默的笑話能讓人神情放鬆。總之，幽默是社交中不可缺少的潤滑劑。

幽默感在人的社交能力發展過程中起著舉足輕重的作用。幽默可以鬆弛緊張的情緒，現實生活中常常不乏令人碰得頭破血流仍然得不到解決的問題，但是，如果來點幽默，卻往往會迎刃而解，化干戈為玉帛。幽默具有如此神奇的力量，能帶來很多意想不到的好處。幽默不僅能使自己成為一個受歡迎的人，使別人樂意與自己接觸，願意共事，還能促使自己更好更快樂地完成工作。這往往是採用別的方法所不能達到的，也是成本最低的一種方法。如果你能夠恰如其分地把你的聰明機智運用到智慧的幽默中來，使別人和自己都享受快樂，那麼，你就會得到更多喜歡你、欽佩你的人，會獲得更多支援和關心你的朋友。

佛洛伊德說：「最幽默的人，是最能適應的人。」人際交流中，一句幽默語言能使雙方在笑聲中相互諒解和愉悅。

作家馮驥才在美國訪問時提到，一位美國朋友帶著兒子去看他。他們談話間，那個孩子直接踩在馮驥才的床上，站在上面蹦跳。但假如當時直截了當地請他下來，勢必會使其父產生歉意，也顯得自己不夠熱情。於是，馮驥才便說了一句幽默的話：「請你的兒子回到地球上來吧！」那位朋友也趕忙說：「好，我去叫他下來。」既達到了目的，又顯得風趣。

在社交中，言談舉止是一個人精神面貌的展現，要開朗、熱情，讓人感覺隨和親切，平易近人，容易接觸。言談要有幽默感。在社交中，談吐幽默的人往往取勝。沒有幽默感的人在社交中往往會失敗。在交際場合，幽默的語言極易迅速打開交際局面，使氣氛輕鬆、活躍、融洽。在出現意見有分歧的難堪場面時，幽默、詼諧便可成為緊張情境中的緩衝劑，使朋友、同事擺脫窘境或消除敵意。此外，幽默、詼諧還可用來含蓄地拒絕對方的要求，或進行一種善意的批評，還要注意在平時應多累積一些妙趣橫生的幽默故事。

玩笑要適度，不要越過底線

玩笑能為生活帶來樂趣，是調劑生活的佐料。它可以減輕我們的疲勞、調節壓抑的氣氛，拉近我們和朋友、同事之間的距離；人際交往中，彼此之間產生誤會或矛盾時，一句玩笑話可以消除積怨，化干戈為玉帛。但開玩笑要適度、掌握好火候，要是玩笑開得過火，就可能會給人一種被嘲笑、被耍弄的感覺。其實你並無惡意，只是想博君一笑，可是「說者無心，聽者有意」，這樣會引起或加深與別人的矛盾。

喜歡開玩笑的人通常都心懷善意，生活態度很樂觀，他們樂意把自己的快樂帶給周圍的人，但要隨時記住玩笑話是有界限的，否則就會得不償失。要是因玩笑傷了他人，一定要誠心誠意地道歉，不可放任不管。

開玩笑之前要先想想說話對象是哪些人，會不會引起他們的誤會。對方是作風大方的人，就可以較為毫無顧忌；如果對方喜歡安靜、比較嚴肅，就要懂得拿捏分寸。開玩笑時還應注意內容，不能太庸俗、太低級，否則會使自己的形象在對方心中大打折扣。切記，不要拿同事的生理缺陷或隱私當作笑話，因為人人都有自尊心，開玩笑時違犯了這一遊戲規則，你就會變成一個不受歡迎的人，也會讓對方很難堪，有時甚至會產生很不理智的行為。

比如有個年輕人叫羅英，現在在一家外企任職。按照外國人的慣例，每年的四月一日都要過愚人節。在這一天，任何人開任何玩笑都不會引起被開玩笑者的惱怒。羅英也被這種文化深深吸引著。

有一天，大學時代的同窗密友打電話給羅英，表示自己想約一些大學的同學們好好聚一聚。羅英毫不猶豫地就答應了下來，並且她主動承擔起聯繫同學們的重要職責。

由於羅英在上學的時候還曾擔任過班長的職位，所以大多數同學們的聯繫方式她都保留著。她一個一個撥通了電話，確定當年的同學們此刻都在什麼地方，以及他們能夠前來參加聚會的時間。一番梳理以後，除了有兩位同學因為距離太遠而婉拒了之外，大多數的人都答應了。

於是，羅英和友人決定了聚會時間，在市中心的酒店展開聚會活動。之後，友人又把通知每個人聚會時間和地點的重任交給了羅英。

然而，羅英卻動起了小心思。她在通知了老同學們之後，想要給友人一個驚喜，於是她決定要給劉潔發一條資訊。羅英寫道：「原定十二日晚上的聚會有變動，確定時間之後再通知你。」原本羅英還在這段文字下面按下了一連串的空白鍵，後面寫上：「上當了吧！」並附帶一個大大的笑臉。

然而這條無傷大雅的惡作劇短信，卻讓友人來不及參與這次聚會。原來，友人收到訊息以後，以為聚會的時間有所更動。並且那一連串的空格造成不得不翻頁才能看到下面內容的假像。友人眼見羅英遲遲沒有聯絡自己，以為聚會取消或是延誤了，於是在原訂聚會的時間內安排了其他工作。

當所有人在飯店裡面齊聚的時候，羅英才意識到自己原本只是惡作劇的那封訊息可能引起了誤會。她急忙打給友人，沒想到對方正在和客戶談生意。本來一場溫馨的聚會，卻因為主辦者沒有參加而引起一陣誤會，羅英只能不斷道歉。最後這場聚會不歡而散。

一般喜歡開玩笑的人，本身並沒有惡意。只是有些做法欠缺妥當。有些人心寬，能夠容忍；有些人卻會糾結於這樣的玩笑，不肯原諒

只有真正拒絕玩笑，才能夠保持恰當的娛樂氛圍，而不傷彼此之間的和氣。就好比兩個認識的人，其中一方正在開玩笑時，因不小心將快樂建築在他人不願提及

的事情上，於是對方立刻嚴肅地喝止友人這樣的行為，而開玩笑的那人也立刻意識到自己的錯誤，立刻道歉。

總之，開玩笑不能過分，一定要分清楚場合。在開玩笑時我們要多注意以下幾點：

第一，和長輩、晚輩開玩笑忌輕佻放肆，特別應忌談男女情事。玩笑要機智、幽默。在這種場合忌談男女風流韻事，長輩十分注重傳統，尤其是人倫關係。

第二，和非血緣關係的異性單獨相處時忌開玩笑（夫妻自然除外），哪怕是正經的玩笑也往往會引起對方反感，或者會引起旁人的猜測非議。要注意保持適當的距離；當然，也不能拘謹彆扭。

第三，切忌插入朋友與他人之間的談話、開玩笑等。當人家已有共同的話題，已經形成和諧融洽的氣氛，如果你突然介入開起一個玩笑，轉移人家的注意力，打斷人家的話題、破壞談話的雅興。

真心實意說話，快快樂樂做人

古人云：「精誠所至，金石為開。」和人交流的時候，首先要把熱心和誠意展現給對方。倘若說誠意要求的是說話的內容，那麼熱心則要求的是說話的態度。只有真心實意才可能打動對方，才可能喚起別人的熱誠，才可能和對方有更深入的交流。因此，說話要有感而發，談話內容要有真情實感。

某大型企業的一位總裁，有一次和另一家公司洽談合作業務。然而這位總裁卻在雙方約定的時間之後才抵達餐廳。並且一見面他就朝對方說：「我很忙，所以長話短說，待會我還有事。」

這位總裁的話簡直大錯特錯！洽談業務，不論公司規模大小、知名度高低，地位都是平等的。而這位總裁的話無疑是在暗示對方：「我是大企業的老闆，業務很忙，地位比你高。我能來已經是給你面子了。」如此狂妄自大的心態，毫無保留地表現在言語上，讓人聽了很不舒服，是人際交往的大忌。既然是洽談合作，那就要拿出自己的誠意，這樣的語言，連最基本的禮貌都沒有，更不用說有誠意了。

再則，真心誠意地為對方著想，這是「熱誠」的另一種具體表現。反映在語言表達上，則是表意清晰、語氣懇切，自然容易為對方所接受。

有一個業務員，在做了多年的推銷工作後，對長期以來強顏歡笑、誇大其詞等吸引顧客的做法感到非常厭惡。他認為這樣對待顧客有悖於自己的良心，使自己過得很不安。於是他決定要對人毫無所欺，從今以後向顧客講真話，就是被解雇也在所不惜。出人意料的是，當他有了這個念頭後，很快覺得身心愉快。

有一天，當第一個顧客問他店中有沒有一種可自由折疊、調節高度的桌子時，他就把顧客領到這種桌子跟前，如實地向顧客介紹說：「老實說，這種桌子不太好，常常會有顧客退貨。」

顧客說：「是嗎？現在這種桌子很普遍，應該是挺不錯的吧？」

業務員說：「也許是吧。可是我覺得這種桌子不一定能升降自如。您看雖然它款式新，可是結構有問題。要是我隱瞞它的缺點，那就等於是在欺騙您。」

客人問道：「結構有問題？」

業務員繼續說：「是的，它的結構過於複雜，使用起來不方便。」

這時，業務員走到桌子跟前去踩腳踏板。本來輕輕一踩就行，但是他一腳用力踩下去，使桌面突然向上撐起，撞到了顧客。業務員急忙道歉：「對不起，我不是故意的。」

沒想到客人反而笑著說：「沒關係我再仔細看看這桌子。」

業務員說：「沒關係，買東西如果不精心挑選，會很容易吃虧。您看看這桌子用的木料材質並不是頂級的，坦白地說，我勸您還是別買這種桌子，不如到其他傢俱店看看，說不定那邊的東西要好得多。」

客人聽完這番話，十分開心，要求買下這張桌子，並馬上取貨。可是，等到這位顧客一走，業務員就立即遭受到主管的嚴厲批評，同時被告知到人事部辦理離職手續。一小時後，業務員正整理自己的東西準備離開時，店內突然來了一群顧客，爭相購買這種多用桌，幾十張桌子一下子就被人買走了。

其實，這些人全是剛才那位顧客介紹來的。看到店裡成交如此大筆買賣，經理很吃驚，所以最後業務員不僅沒被辭退，薪水甚至提高三倍。經理甚至還稱讚他如實介紹商品的做法，是一種新型的售貨風格，應該繼續保持。

從上述故事中看，誠實的語言不僅能帶來成功，也能帶來奇蹟。反之，如果一個人在語言上，不遵循「誠能感人」的原則，就會失信於眾，輕則影響個人的形象和聲譽，重則危及組織的前途和生存。

我們與人相處，追求成功，良好的目標和準則應該是為了自己、他人和社會，三者均是獲益者。交際的實質是給予和索取。如果屬於精神上的給予，沒有真誠，別人就不可能得到你的給予；如果是物質上的給予，缺乏誠意，對方只能視作恩賜，可能因出於無奈，不得不接受。因此，有遠見卓識的人，都必須把「誠」視為處世成功的基礎。而投機取巧、巧言令色的面具，總有一天會被揭穿。虛情假意也永遠逃不過人們的眼睛，更說服不了大眾。只有真誠待人，才能獲得相應的回報。

第七章　建構良好的人脈，好捕「魚」

「人脈」網，織出你的人生

人脈對每個人來說都是一筆無形的財富。人脈越廣，辦事越暢。俗話說「萬丈紅塵三杯酒，千秋大業一杯茶。」一個人的辦事能力和他的人際關係有著很密切的關係。眾所周知，「眾人拾柴火焰高」，一個人是否有寬廣的人際關係，這就意味著他能否在社會上有個好的發展，能否創造出更大的輝煌。如果沒有人脈，那麼自己的前程也就不會那麼光明。

《西遊記》中孫悟空給我們留下了深刻的印象，他本領大，能力強。在護送唐僧西天取經的艱苦征程中，他一路斬妖除魔，終於在經歷了九九八十一難後到達了西天，實現了預期的目標。事實上，孫悟空之所以能解決這麼多的問題，除了他自身本領強大以外，他那廣泛的人脈也給他幫了很大忙。當他遇到不能戰勝的妖怪時，就會去尋找高人幫忙。孫悟空的人脈十分寬廣，上至天庭，下達地府，西有如來，東有龍王。有了如此豐厚的人脈，不論是遇到多麼厲害的妖怪，他總能順利將問題解決。

不僅孫悟空如此，在日常生活中，人也要明白這樣的道理。對於一些自己能解決的問題自己動手就行，當遇到那些憑自己無法完成的事情時，就應該想辦法去尋找其他幫助。故事中的高人不會從天而降，當然也不會在我們遇到困難的時候及時出現在我們身邊。所以，我們就要在自己的生活中學會擴大人際關係，學會與各種人建立良好互動。同時也要注意維護自己的人脈，時常保持聯繫，才能讓自己的人脈真正擴大，只有這樣，在關鍵時候我們才能找到合適的人幫我們辦事。

建立合適的人脈網對幫助我們個人走向成功有著功不可沒的作用。外國學者認為，那些喜歡別人，而且又能讓別人喜歡的人，才是真正的成功者。絕大多數成功的人都有著廣泛的交際，這就是他們的人脈。

人脈網既然被稱作「網」，那必然就應該具有網的特點。這句話的意思就是在這張網上，朋友的構成要分布均勻，涉及各種各樣的行業。我們身邊總有一些人的交友情況不是如此，他們總是在自己所熟悉的範圍內認識其他人，那麼朋友所從事的行業和特長肯定就比較單一，從而對我們所提供的幫助也必然就會大打折扣。當我們建立了廣泛的人際關係後，人生路上的機遇就會更多。很多情況下，朋友的推薦、提供的資訊和其他多方面的說明，都能讓我們獲得難得的機遇。

生活中很多人在交際的過程中都存在著急功近利的思想。他們總認為朋友就應該對自己有幫助，而那些沒有幫助的朋友稱不上朋友。其實這種想法很不正確。人生很多機遇都是在交流中實現的，可是很多時候，在初步交流時很難看到這種機遇，只有隨著交流、認識的加深，才能發現機遇。在這個時候，我們就不要因為暫時沒有看到交流的價值，就對這種交流抱持冷漠態度。再說了，我們也不能預見和什麼人交流認識，能給自己機遇。

成功者輝煌的背後離不開他人的幫助，憑藉自己單槍匹馬的力量登上事業巔峰的人是不存在的。我們要從人群中脫穎而出，就要吸收大量對自己有幫助的人和資源來擴充人脈網。這張網將是我們人生路上的助力器，會給我們無窮的力量。

抓住身邊的貴人，找到成功的捷徑

一個人即使再有本事，也需要貴人的幫忙，透過貴人幫忙往往使事情更容易。許多人開始重視和貴人結交，因為一旦認識了一輩子的貴人，人生旅途可為平步青雲。

著名詩人徐志摩之所以能夠在文壇上獲得如此深厚的造詣，就和他巧妙地結交貴人、透過貴人的幫助等原因分不開。

徐志摩七歲的時候非常聰明，並且表現出對文學的極大興趣。可是徐志摩到了十五歲的時候，在文學方面還沒有什麼成就，於是他非常希望能夠找到一位有名的人士給自己一些指點。

就在這個時候，徐志摩聽說梁啟超是一位非常有名的良師，而且是名震文壇，所以他想去拜訪梁啟超。但是徐志摩也明白，這麼一位著名的老師肯定無法輕易見面，於是他就想盡辦法接近梁啟超。結果沒過多久，徐志摩就得知自己的表舅認識梁啟超，並且兩人的關係十分要好，可謂「踏破鐵鞋無覓處，得來全不費工夫。」徐志摩非常興奮地找到自己的表舅，希望表舅能夠推薦自己和梁啟超認識。

徐志摩在與表舅交談了一番之後，就表明自己希望拜梁啟超為師的願望，而徐志摩的表舅看見自己的姪子對長輩如此謙恭，深為感動，於是表舅親自帶著徐志摩來到了梁啟超的家中，而梁啟超也順利成為了徐志摩的老師。時間一長，梁啟超不僅成為了徐志摩的老師，而且也成為了徐志摩生活中的益友。就是在梁啟超的大力輔導下，徐志摩在詩歌上面的成績才突飛猛進，最後終於成為了一位偉大的詩人。

假如徐志摩沒有結交梁啟超這位大人物，世界文壇便少了一位優秀的詩人。我們不可否認，每個人的成功都是與自己的努力分不開的，但是如果你能夠得到高人的指點，或者是一些有頭有臉大人物的幫助，那麼你成功的道路走得就不會過於坎坷，你就會及早到達成功的彼岸。

當然，能夠認識貴人，甚至是結交到貴人都是不容易的。結交貴人不能著急，更不能急功近利。其實貴人就好像是一條魚，我們既要擁有釣魚的本事，又不能過於心急，不然到頭來只會把魚嚇跑，得不償失。所以，結交貴人也是有方法的，只要方法得當就一定能夠與貴人成為好友。

即便有能耐，也要學會「攀高枝」

談到攀高枝，我們可能就會想到那些沒有什麼能力的人，好像只有他們才善於攀高枝。事實上，這樣的觀點並不正確。有能耐的人也需要攀高枝。攀高枝對於成就事業來說，具有很大的幫助。聰明的人都明白這樣的道理，攀高枝可以借助他人的力量推我們向上。相反，即使我們才高八斗、學富五車，要是不借助一些外力，僅憑自己的力量對我們的發展還是完全不夠的。

古時候有名的謀略家姜子牙，就連他這樣有能耐的人都攀高枝，而且攀得如此巧妙，成了周國的太師，同時也給自己留下了幾千年的英名。姜子牙生活在商朝末年，紂王是一名昏君，不理朝政，貪心美色，居民的生活得不到保障，於是社會矛盾急劇惡化。這個時候，商王朝的諸侯國周國迅速崛起，周文王勵精圖治，居民安居樂業，國力強大，大有取代殷商之勢。

姜子牙就是生活在這樣的亂世中，雖說自己有著經天緯地的才能，可是想報效國家的決心在當時並沒有用武之地。他曾在紂王身邊做過多年的吏卒，雖身份卑微，可行事卻非常謹慎。對於紂王的荒淫無度和不理朝政的做法，他曾幾次想冒死進諫。他曾無數次想，只要自己進諫，紂王或許就會採取措施來保障居民的生活，說不定還會因此而受到紂王賞識。可是後來卻只見到許多忠臣都因直諫而丟了性命，於是姜子牙便改變了進諫的想法，紂王的做法已經讓他大失所望，同時也認為殷商的掌權之日即將臨頭。於是，他決定另攀高枝，改換門庭。

當時，周文王要復興周國，除掉紂王。正想找一位智者相助。姜子牙覺得周文王就是他所期望的國君，要是能為其輔佐，肯定能成就一番事業。於是，姜子牙為了引起周文王的注意，便來到渭水之濱的茲泉垂釣。這是個山清水秀的好地方，人跡罕至，非常適合隱居。而姜子牙來到這裡就是為了靜觀事變，尋找機會。

直到有一天，姜子牙聽說周文王要到附近打獵，於是覺得機會來了。當時姜子牙還沒有名氣，所以周文王也不認識他，但姜子牙曾見過周文王。為了吸引周文王的注意力，姜子牙故意把魚鉤提離水面三尺以上，鉤上也不放任何魚餌。周文王到來之後，就覺得很奇怪，於是便問：「像先生這樣的方法，魚能上鉤嗎？」見周文王對人的態度如此謙和，姜子牙便立刻認定此人是個非凡人物。於是他就進一步試探道：「休道鉤離奇，自有負命者。世人皆知紂王無道，可是西伯長子就甘願上鉤。紂王自以為智足以拒諫，言足以飾非，卻放跑了有取而代之之心的西伯昌。」周文王聽了，非常震驚，他萬萬沒想到一位生活在深山的人竟然對天下大事能如此關心，更讓周文王驚訝的是，這位老人竟然能猜到自己的心思。周文王認為這位老人肯定不簡單，便立刻躬身施禮，說道：「願聞賢士大名？」姜子牙說：「在下並非賢士，老朽姜尚是也。」周文王恭敬地說：「剛才偶聽先生所言，真知灼見，字字珠璣，不瞞先生，在下就是先生所說的西伯昌。」其實姜子牙早就知道他是周文王，只是為了演戲，故意裝出吃驚的樣子，惶恐地說：「老朽不知，癡言妄語，請您恕罪。」

西伯昌誠懇地回道：「先生何出此言！今紂王無道，天下紛爭，如先生不棄，請您隨我出山，興周滅商，拯救黎民百姓。」姜子牙只是禮節性的推辭一番，最終便和周文王一起乘車出山。在回宮的路上，姜子牙對當下的形勢作了認真的分析，他滔滔不絕地闡述自己對時局的看法，更讓周文王覺得找對了人，回宮之後，周文王便立即拜姜子牙為太師。於是姜子牙便走上了飛黃騰達之路。

姜子牙攀上了周文王這個高枝，也成就了自己的事業。試想，要是他當初決定繼續輔佐紂王或者直接隱退的話，恐怕今天的歷史上就不會有如此響亮的名聲。所以，能成就自己的大業，巧妙地「攀附高枝」，其方式值得學習與借鑒。

攀高枝就是一種借力。借助別人的力量為我們的成功獻上一臂之力。這在現代社會中已被廣泛應用。往往在我們的日常工作和生活中，攀高枝能提高我們的自身形象和影響力。這樣，我們求人辦事的路上也就少了一道障礙而多了一份保障。

適當讚美別人，為自己的人脈注入活力

在充滿競爭的人生大舞臺之上，想要成就大事，除了擁有一技之長外，還必須有廣泛的人脈做後盾，這樣在前進的道路上，就能多一份支撐的力量。否則，要成就一番大事並不容易。

想要得到別人的幫助，不妨學學多讚美別人，只要說得恰如其分，就能取悅對方，讓雙方彼此信任，辦事也容易許多。有了一次認識，就可以將對方納入我們的

交際圈，為人脈增添一份活力。這是一種求人辦事易達目的的策略，也是為了生存而必需的一種手段和技巧。

拿破崙說：「人類本來就是如此，要靠美名和虛榮來點綴！」生活中，每個人都樂意聽見對自己讚美的話、奉承的話，這是人的本能所致。

三國時的關羽為人正直，最不樂意他人奉承，也最厭惡奉承之人。當他得知有個特別擅長說奉承話、憑著一張嘴巧舌如簧的人後，便拿起自己的大刀，怒氣衝衝地找到這個人，滿臉殺氣地說：「聽說你特別會奉承，那今天就奉承奉承我吧！」聽了關羽的話，那人的臉上立刻露出笑容：「草民會奉承人不假，可我奉承的全是些小人。蒼天之下哪個人不知關爺為人正直，有誰不知道您老人家最不愛聽奉承話，最討厭拍馬屁的小人，我怎麼敢奉承您呢？」關羽道：「你也不敢，今天我要宰了你這個巧嘴的小人！」這句話可把那人嚇壞了，慌忙跪倒在地說：「草民謝恩！」他這麼一說，關羽納悶了，舉起的大刀就放了下來，問他：「我要斬你，你還要謝恩？」那人說：「關爺在戰場上立下赫赫戰功，殺的都是天下鼎鼎有名的將軍。像草民這樣的人，能挨上您一刀，燒香也求之不得呀！關爺不怕髒了您的寶刀，就快快成全草民吧！」關羽聽後，沒再說話，「哼」了一聲，便走了。那個人站起身，指著關羽的背影說：「原來他也愛聽奉承話！」

讚美他人，是生活中不可或缺的一種交際手段。有的時候，對方明知你講的是奉承話，可是他心中還是免不了會很高興。我們的虛榮心對奉承有需求，既然有了需求，產生供給是最自然不過的事。這就是我們常說的雙贏。

其實在現實生活中，如果我們不抬舉別人，就等於是侮辱而不是善意的中立。比如我們生活中最常見的事實：外出幾年，當朋友見到自己時，肯定會說：「哇，你變化可真大！變得越來越帥了！」不管是否變帥，但聽到這樣的話心裡還是開心的。如果朋友們見到你就說：「變啦！你怎麼變成這樣了呀？看起來無精打采的！」這樣的話讓人聽了反而無法接受。

有時候，說奉承話是非常有必要的。女孩一定天生麗質，孩子的前途一定光明，年輕人一定帥氣等等，這時，如果自己也不說一聲好聽的話，就是對他人的不尊重。這樣的奉承又何嘗不是一種慷慨呢？所以說，不要吝嗇你的讚美之詞，有時還可以為自己趨吉避凶，一舉兩得，何樂而不為呢？

讚美人人都喜歡，但絕不是亂說一通，還須說得巧妙。讚美他人的首要條件是要有一份誠摯的心意及認真的態度。有口無心，輕率的說話態度，很不得體，會讓人產生不快。就算是奉承別人，也不能講出與事實相差十萬八千里的話。所以，在稱讚他人的時候，要從對方的優點入手，讓人聽了樂於信服；要富有新意，而非陳詞濫調；要內容恰當，長度適中。好聽的話人人愛聽，如果能適當地讚美別人，那麼他一定十分高興，對你也就有好感。從而，辦起事來也容易多了。所以，學會讚美別人，是擴大、增強自己人際關係的一個好辦法。

俗話說：「你對別人微笑，別人就會回你一個微笑。」好聽的話人人愛聽，那又有什麼理由不讚美別人呢？在適當的時候，適當地讚美他人，這對擴大我們的人脈來說也是一個很不錯的方法，它往往能給我們帶來不小的幫助和驚喜！

用放大鏡看他人的優點，用顯微鏡看他人的缺點

人們常說「世界上沒有兩片完全相同的樹葉」。這就是說，在我們所生存的這個世界上，事物之間都是有差別的，各有各的特點。就是同一棵樹上的兩片樹葉，這兩片葉子在形狀、顏色、大小等方面都不會完全一樣。同樣的道理，我們人類也是這樣。就從我們的外貌來說，就是雙胞胎，他們也有很細微的差別。所以他們的父母和親友往往根據這些差別就能準確地認出他們。生存在這個世界上的任何人都是

獨一無二的，別人都無法替代。

人無完人，誰都會有自己的優點和缺點，這是不可否認的。所以，當我們和他人相處的時候，對於別人的缺點就應該學會坦然的接受。不要糾結別人的缺點，這樣勢必會影響雙方的關係，也就難以和他人進行融洽的相處，可是這對我們又有什麼好處呢？少了一個朋友，就會少一條路。我們為人處世，就是為了讓自己的道路越走越寬，讓自己的人緣越來越廣。所以，我們應該學會用放大鏡看別人的優點，用顯微鏡看別人的缺點，這樣我們就能和他人和諧相處了。

一位心理學家曾經在一次大型的演講會上講到過這樣一段話：「倘若我們面前有一位國色天香的美女，只要任何一個人拿個好幾百倍的放大鏡來看她的臉，那麼這位觀察者一定會非常失望。因為他所看到的將是一張坑坑窪窪、高低不平的臉，美女的靚麗這樣看的話就不復存在了；可是當我們每個人都拿望遠鏡來看遠處的山和水，那將是另外一番情景——青山綠水，綠蔭蔥蔥，彷彿人間仙境，讓人流連忘返。」

而在我們的日常生活中，有的人總是拿著放大鏡看別人，讓對方的缺點暴露無遺，好像對方本來就一無是處。相反，有的人則是拿著望遠鏡看別人，這樣他始終就能欣賞到別人美好的一面。所以這樣的人就能和他人相處得比較好，能做到不拘小節，讓彼此和諧。

當然，我們也不是說放大鏡在生活中毫無用處。我們應該將放大鏡的焦點對準自己，而不是他人。倘若我們能虛心地請求他人對我們提出批評，或者說能意識到自己的一些缺點，這樣就能讓放大鏡和望遠鏡在我們的生活中同樣發揮到重大作用。

俗話說：「嚴於律己，寬以待人。」只有懂得如何欣賞和讚美別人，才能在交流中不被他人冷落，讓自己的人脈越來越寬，減少自己的敵人。

有一個木匠，他的手藝並不高超，甚至木匠應該具備的基本技能在他身上都有所欠缺。可是他卻對自己充滿了自信，說自己能建造一棟房子，一位鄰居聽了並不相信。直到有一天，這位木匠的舉動卻讓鄰居對他刮目相看。在一個很大的工地上，鄰居正看見他發號施令，指揮著眾多的木匠。那些木匠全都有條不紊地做著手裡的工作，秩序井然。

「水至清則無魚，人至察則無友。」這句話是指，水太清是養不活魚的。所以，要是對他人的要求過於苛刻的話就不會有朋友。要是我們始終能以欣賞的眼光來看待身邊的每一個人，這樣人們就會因為受到我們的尊重而感到心情愉悅。相反，如果我們一味挑剔別人的毛病，肯定會讓別人感到不舒服，甚至引起反感和敵對，這可是人際的大忌。

所以，我們要學會用放大鏡看他人的優點，用顯微鏡看他人的缺點。當我們按照這樣的做法去對待他人，就會發現原來別人有許多優點，只是我們以前沒有發現而已。這個時候我們也就不再為別人小小的缺點而斤斤計較了，學會把別人的缺點看淡點，把別人的優點看重點，這樣的人生就會常有朋友的相伴，常有陽光的溫暖。

多給別人些關心，把別人放在心上

當我們輕視一個人的時候，這個人的一切我們都不會關心，相反，當我們重視一個人的時候，就會對他的感受和處境狀況時時關注。不論我們對他人是重視還是輕視，只要我們的態度被對方感受到，他也就會採取同樣的態度來對待我們。所以，人和人之間的關係都是相互的——你對我好，那我當然也對你好了。如果你對我不好，我怎麼能對你好呢？

當我們想改善和鞏固跟某個人的關係時，就要學會把他放在心上，這無疑是我們在社交場合中的一個重要方法。當然，僅僅有了把他人放在心上的這種意識還是遠遠不夠的，我們還需要採取一些別的方法。

其一，應該讓對方感受到我們對他的關注。我們的關注是我們重視對方的一種表現，這一點在工作和生活中是很容易感受到的。

王嘉廉是一位美籍華人，他是美國國際聯合電腦公司的創始人。國際聯合電腦公司是僅次於微軟公司的電腦軟體龍頭。王嘉廉作為軟體界的重量級人物，他被譽為「華人中唯一一個能與比爾蓋茲抗衡的人」。在他的公司裡，員工的忠誠度是行業裡出了名的，這讓其他的同行特別羨慕。而他是怎麼提升員工的忠誠呢？那就是優渥的待遇，最主要的就是員工在他的公司裡，總能感到自己經常能受到重視和關注。

袁曉霞是國際聯合電腦公司一位普通的程式設計師，在很多公司裡，像她這樣最基層的員工和公司高層主管聯絡合作是很少見的事。有一次，袁曉霞跟王嘉廉以及王嘉廉的家人碰巧在電梯中相遇，王嘉廉向自己的家人介紹袁曉霞時，對袁曉霞的工作和個人狀況都說得很到位。就連袁曉霞本人都沒想到自己的老闆對一個普通員工能有這麼清晰的了解。她覺得自己備受重視，感到有點受寵若驚。還有一次在閒聊中，王嘉廉問袁曉霞會不會炒冬瓜。她說會，並且這是她特別喜歡吃的一道菜。結果沒過多久，她就收到王嘉廉在自家後院種的一顆大冬瓜。這些看起來雖然是小事，卻讓作為基層員工的袁曉霞非常感動。

還有一位吳秀琳女士說：「查理斯（王嘉廉的英文名）比我們的上司還容易相處。他不但知道你的名字，關心你的生活，而且還能照顧到每一個人，在這樣的大公司裡，要做到向查理斯一樣，這真的很不容易。我的朋友們大多都在其他大公司工作，公司高層人員能知道一個基層員工名字這樣的事情都是非常少有的，而查理斯不但能知道關於你的一切，還會和你輕鬆地開玩笑，這讓人感到非常開心。」

有一次，王嘉廉在公司開會表揚幾十位在總部任職滿十年的員工，同時贈送這些員工每人一支勞力士。吳秀琳女士也在其中。當有人問及吳秀琳女士拿到勞力士有什麼感受時，她說：「戴名牌勞力士手錶和戴不值錢的手錶對我來說沒有什麼差別，可是查理斯的做法能讓我在精神上感到很滿足。在查理斯的公司裡，我們都知道只要認真做事，老闆就不會虧待我們。我們做事不但直屬上司知道，而且老闆也會知道。我覺得在公司裡能得到上司的認可與重視，這比物質上的回饋更為重要。」

所以，要讓對方感受到我們的關注其實並不是什麼難事，只要我們能真的把對方放在心上，這種關注就會在不經意間讓對方感受到。要這樣做，我們不但要記住對方的名字，還要瞭解他的生活與工作情況，這些都是不可缺少的資訊。

其二，要給對方一個真誠的問候。人與人之間的關係，都是透過交流維繫的。可是，在現代這樣快節奏的工作和生活中，每個人大多時候都很忙，沒有那麼多時間跟每一位朋友都保持經常來往。於是就出現長時間不聯繫的情況，關係自然疏遠。所以，不管怎麼樣，對自己的朋友，我們應該抽出一點時間，給他們一個真誠的問候，不要中斷彼此的聯繫，讓對方明白我們依然把他們放在心上。

歐布萊特是美國第一位女國務卿，她在當選國務卿之前曾在美國迪士尼電影公司做公關部經理。當時的她不但面臨著巨大的職業挑戰，而且又必須面對人際關係的處理、家庭生活的和諧等這些問題，這些繁瑣的事情在她的處理之下往往會變得很順暢。

在工作繁忙的時段裡，歐布萊特的下屬經常會收到一些寫著「你辛苦啦」、「你做得非常出色」這類表揚的小卡片。每次在丈夫生日的時候，歐布萊特總會努力地舉辦一次家庭小舞會，並且她總是一個人事先把需要的東西都安排好。

歐布萊特針對自己的這一做法，曾經饒有興趣地對大家說：「現在大家的生活節奏都很快，有不少人都忘了人們之間一些最基本的問候，他們認為這些都是不值得重視的細節。而正是這些細節能讓人們相互感到來自對方的關心，這對維護人們的關係來說是很重要的。那我為什麼就不能做得更好些呢？」

我們從歐布萊特的這一番言論中可以看出，其實人與人之間的關係不一定非要在大事中才能展現出來，而在日常生活的瑣碎事之中更容易展現出我們對對方的關心。我們應該隨時把自己心中最真誠的愉悅帶給大家。這就是在處理人際關係上成為勝者的關鍵。

任何時候都不要忘記廣結善緣

有一天，有一位和尚帶了幾個弟子準備過河。突然間和尚撿起一塊石頭對弟子們說：「如果我把這塊石頭丟在河裡，你們覺得它會浮著，還是會下沉？」

弟子們心裡暗笑，說：「那當然是下沉了。」

和尚便把自己手中的石頭扔了出去，結果石頭沉了下去。

和尚嘆息道：「看來這塊石頭是沒有緣分啊！」

接著和尚又說：「有這樣一塊石頭，如果把它放在河裡，它不但沒有下沉，而且還能從水面上渡到河對岸去，有誰知道這是為什麼嗎？」弟子們聽了都沒有想明白為什麼。

和尚說：「那是因為那塊石頭有善緣呀。」

可是究竟什麼是石頭的善緣呢？原來是船。只要把石頭放在船裡過江，那自然就不會下沉。

石頭有了善緣都能夠成功渡河，更何況人呢？事實上人也是這樣的，只要我們能遇上善緣，獲得他人的幫助，就能順利「過河」。可是在我們的日常生活中，有一些人卻看不到這一點。俗話說「得意忘形」，有些人在遇到困難的時候，對待朋友特別畢恭畢敬，十分順從，相處起來也十分友善圓滑，過程中絲毫沒有任何爭執。可若是處於順境中，便忘記了朋友的好處，變得趾高氣揚。這樣的做法非常不可取，如此對待自己身邊的朋友，假如以後遇到困難的時候，恐怕就找不到幫忙的人了。那些真正擁有善緣的人，不管在什麼時候都很注意結交善緣，因此便能擴展自己的人脈。

春秋時期，有一個叫趙宣孟的人。他在路過一個地方時，看見一棵枯樹下躺著一個人，可能是長時間沒有進食，那人已經奄奄一息。於是趙宣孟便拿了一些食物給那個人。吃了一些食物後，那個人才恢復了精神。

宣孟便問他：「你怎麼會餓成這個樣子呢？」

那人回答說：「我去外面做了些小生意，賺了點錢，回家時買了點東西。誰知路上被人打劫，東西都被搶走了，錢也被搶光了。我這個人不愛向人乞討，也不願擅自拿別人的東西，所以就餓成了這個樣子。」

於是趙宣孟又多拿了些食物給他，那人很感激地收下了食物，可是他不肯吃。趙宣孟問他：「為什麼不吃？」那人回答說：「我家裡還有年過七旬的老母親呢，我想把這些留給她吃。」

趙宣孟說：「你先把這些吃了吧，我再給你一些。」於是又贈予對方一些食物，還給了他銀子，趙宣孟便離開了。

幾年後，趙宣孟受到晉靈公的追殺，其中有一個士兵很快就追上了趙宣孟，趙宣孟這時已經絕望地心想：「看來我的人生就到這裡了。」

沒想到這個士兵追上趙宣孟以後，不僅沒有立刻奪走他的生命，甚至說：「請您上車快跑，我來保護您。」趙宣孟頓感震驚和莫名其妙，以為有更大的詭計，於是緊張地說：「你為什麼要救我？」

士兵說：「當年就是您救了我一命。我就是餓倒在枯樹下的那個人。」於是在這名士兵的奮力保護下，趙宣孟終於成功逃出生天。

所以，我們一定要記住，不論自己面臨順境還是逆境，都要懂得廣結善緣，這樣的話我們就有了人緣，說不定哪天需要他人幫助，就獲得了人際良好的結果。那麼，我們怎麼做才能廣結善緣呢？

第一，要從思想上重視起來。這是我們廣結善緣的第一步。只有引起我們思想上的重視，才能讓我們在生活和工作中有自己的具體行動。總有一些人在自己發達後，會趾高氣揚起來，忘記了自己以前處在困境時的情形，對自己周圍的人都不屑一顧。如此傲慢的人又有誰願意認識交流呢？

第二，樂於幫助別人。有些人愈富有，就會愈吝嗇，不願幫助人。當他需要幫助的時候，也無人伸出援手。當我們處在順境中，才會有更多幫助人的資本。我們給人一滴水，別人會湧泉相報。就像上面案例中的趙宣孟一樣，說不定在什麼時候自己遇到困難時，他人就會給我們重大的幫助。

第三，不要有驕傲的思想。有不少人在順境時不願幫助別人，總覺得自己的實力不需要別人的説明，容易過度驕傲、目中無人，有這種思想的人怎麼可能廣結善緣呢？

廣結善緣，無論是對我們自己還是對他人都有好處。倘若我們的人際關係好，那麼在辦事中就會明顯占優勢，在我們的人生路上，也會經常得到他人的幫助。這無疑是我們成就事業非常難得的基礎。所以，就是在順境中，我們也不要忘記廣結善緣，因為這樣能讓我們的事業更上一層樓。

揣摩人心，送對禮

送禮送到心坎裡，說白了送禮要對症下藥，能夠在堅持原則的前提下投其所好。在日常生活中很多事情如果不送禮是辦不成的，所以送禮也就成為了溝通中的一個重要環節。

如果想要有一個良好的溝通，就應該有所行動，而送禮可以說是行動的最好表現形式。同樣是一件事情，送了禮的人較容易將事情完成；而沒有送禮的人可能到頭來也沒有什麼效果。可見，送禮確實是一門大學問。

有的人認為，禮物愈貴愈好，這種觀點完全錯誤，我們不能用價值的高低來衡量禮物的好壞，好的禮物不一定就價值不菲，所以我們在送禮的時候一定要多動腦筋，盡量選擇一些既經濟，又能夠很好地表達心意的禮物。

其實，最好的禮物要根據所送物件的興趣愛好來選擇的，這是一種富有人情味，耐人尋味的禮物，所以我們在選擇禮物的時候一定要全方位地進行考慮，最好能夠別出心裁，不落俗套。當然，禮物的選擇還有一個要求就是別人在接受禮物的時候能夠覺得合情合理，有一種實在無法拒絕的感覺。所以，一些擅長送禮的人，在選擇禮物的時候總會細心地進行思索。

俗話說「禮輕情意重」，記得有一次，英國女王伊莉莎白前往日本的時候，有一個行程是訪問日本的 NHK 廣播電臺。當時接待伊莉莎白女王的人是 NHK 電臺的常務董事野村中夫。在此之前野村中夫得知自己要代表公司接待伊莉莎白女王時，就收集了一些有關英國女王的資料，並且進行了研究，目的就是為了在第一次見面的時候能夠引起伊莉莎白女王的注意，從而讓女王留下深刻的印象。

然而野村中夫絞盡腦汁也沒有想到什麼好點子。而就在偶然之間，他發現女王的愛犬是一種叫柯基犬的狗，於是就有了靈感。野村中夫來到服裝店裡特製了一條繡有伊莉莎白女王愛犬的領帶。在迎接伊莉莎白女王的那天，野村中夫打上了這條領帶。果然，伊莉莎白女王一眼就注意到了他，並且微笑著走過來與野村中夫握手。

可以說野村中夫送出的是一件無形的禮物，因為這條領帶並沒有給伊莉莎白女王，而是戴在自己的脖子上，但是這件禮物卻不同尋常，伊莉莎白女王深刻感受到了野村中夫的用心，感受到了野村中夫的誠意，這就是真正的「禮輕情意重」。

現在人們最常送禮的對象是職場上的主管或上級，但有的時候送的禮物過於潦草簡單，難以表達感情；但是禮物太貴重的話，有可能為主管招來受賄的嫌疑，所以在送禮給主管或上級時，一定要注意禮物輕重的問題，最好的辦法是花小錢辦大事。

有位女性叫劉春，在公司工作兩年，主管對她很好，總是幫助她。劉春想報答一下主管的照顧，但找不到合適的機會。直到有一天，劉春因工作和其他同事一起來到主管家中，偶然發現主管家中鑲嵌在相框中的書法，和家中整體風格不太搭配。而劉春的哥哥正好是一位小有名氣的書法家，於是就拜託自己的哥哥寫了一些有意義的書法字，並且把這幅作品送給了主管。

當主管收到這份禮物時，十分喜歡。雖然並非是劉春花高價聘請他人親自書寫的書法字，但由於剛好認識的關係以及劉春的心思巧妙，最終將這份「大禮」成功送進了主管的心裡。

我們向主管送禮，不僅能夠加強自己與主管之間的感情，更有利於工作的開展。俗話說得好：「大樹底下好乘涼」，在職場中，我們除了要面對各方面的壓力，還要處理各種利益的衝突和人際關係的不和，所以我們要明白，禮物只是輔助，主管真正看重的還是自己本身所具有的能力，而不是禮物。

送禮是一門特殊的藝術，送得好可以拉近你們之間的距離，也能反映出你的交際能力；如果送禮送得不好，方法不當，時機不對，禮物不妥等，那有可能事與願違，吃力不討好。

感情投資多一點，人脈就會廣一點

你是否遇到這樣的情形，當你遇到了一些困難的時候，你覺得有一個人可以幫你解決，於是便馬上去找他，可是轉念一想，過去你對他疏於聯繫，很多時候本來應該主動聯絡，卻都沒有，現在需要幫忙才去打擾對方了，這樣做是不是有點太突然？

有這樣一個寓言故事。一隻黃蜂和一隻鷓鴣因為口渴難忍，便找到一位農夫索取水源，希望能解渴，同時答應會回報農夫一份豐厚的禮物。鷓鴣許諾可以為農夫的葡萄樹鬆土，葡萄就能長得更好，結出更多的果實；而黃蜂對農夫說，牠能幫農夫看守葡萄園，要是有人來偷取，就用毒針去刺。然而對於這些諾言，農夫並不感興趣，他對黃蜂和鵪鶉說：「你們在平日裡怎麼沒想到要替我做事呢？」

從這個寓言中，我們就能得到這樣的啟示，如果平時不注意與人的交流，不為自己打好關係，那麼等到有求於人的時候，才想起替人付出心力，那就已經晚了。

平時我們應該多注意和周圍的人培養、聯絡感情。經常和朋友聯繫，不讓彼此的關係疏遠，到時朋友才會心甘情願地幫助我們。倘若我們和朋友一直不聯繫，那麼彼此將會變得陌生。有朝一日，我們想要拜託他的時候，可能就不會那麼順利了。

所以說，不管我們從對自己的實用性還是情感價值的角度去看，都應該經常維護和朋友之間的關係。往往在急需的關頭，朋友就能幫上忙，為我們排憂解難。

感情投資，最主要的就是相互聯繫，相互交流。雖然社會上流傳著這樣一句話：「認錢不認人。」可是「人情生意」從來都沒有間斷過。人都是有情感的，朋友之間平時也需要「感情投資」。比如說，當我們在職場上遇到了志同道合的人，一拍即合，合作成功，感情也變得融洽。這就是緣分。有緣當然就會有情，為了加深雙方的友誼，雙方都會為對方付出。而在生活中，即使能遇到這樣的有緣人，雙方能一拍即合，要讓這樣的相互信任和相互關照長期維持下去，取決於「感情投資」。

尤其在職場上，這樣的問題更明顯。大家都為了自己的利益，有時候如果涉及利益的問題，就很容易互相猜忌。而這個時候，很容易就將當初的緣分由合作轉為對立，將雙方之間的友好變成了敵意，這樣的事情在職場上時常發生。相互仇視的對手，原都是最親密的夥伴。

生活當中，朋友變成了敵人，往往就在於雙方忽略了「感情投資」這個問題。總有一部分人有這樣的錯誤觀點——只要能與對方建立良好的關係，就沒有必要那麼認真地去維護。於是在接下來的互動中，習慣性忽略雙方關係中的一些問題。比如，該傳達的資訊沒有傳達，該解釋的情況覺得沒有必要解釋，總是覺得「我們關係好，沒有解釋的必要，這對我們來說是無所謂的事情。」結果累積的問題愈來愈多，雙方的矛盾也就難以化解了。

有的人對待朋友則更為過分，他認為既然和對方成為朋友，那就應該從朋友那裡得到回報，卻從不思考自己也要給對方一些幫助和付出。對朋友的要求愈來愈高，總是以高高在上的心態，認為別人對自己好是應該的；倘若別人對他稍有不周或照顧不到，就會有怨言。既然是朋友，雙方都是平等的，就都應該懂得向對方付出。這樣的關係才能長久。

生活中的許多事例都告訴我們，朋友之間的友誼需要我們愛心的滋潤。朋友之間的「感情投資」不是可有可無。不論是在生活還是工作中，我們都應該做個細心的人，要時時進行感情投資。這樣，當我們遇到困難的時候，就會有人及時出手相助。

只有平時多燒香，難時才會有人幫

生活在這個世界上的人，不可能每位都一帆風順，遇到挫折是難免的。人常說「患難見真情」，遇到困難時正好是對周圍的人以及朋友的考驗。這個時候選擇離去的人，大概從此變成陌生人，而那些同情和幫助自己渡過難關的人，則會成為一輩子的摯友。

有一位男子叫許成，他開了一個畫廊。許成平時就擅長和人交流認識，所以與不少人都建立了良好的關係，不論那些人身份地位的高低，他都和他們努力建立關係。有一天，來了一位素不相識的畫家，因有急事向自己借錢。他沒有猶豫就把錢借給了對方，解決了那位畫家的燃眉之急。還有一次，另外一位畫家的母親病重，因經濟並不寬裕而沒有足夠的錢來治病，於是他又向許成尋求幫助。許成仍然沒有猶豫，很快答應。無論是這位畫家遇到什麼困難，許成都能盡自己最大的努力來幫助他。這位畫家打從心裡非常感激許成，兩人也因此結交下了深厚的友誼。

後來，這位畫家在業界逐漸走紅。前來向他求畫的人絡繹不絕。然而每次只要許成說希望他為自己創作幾幅畫，這位畫家二話不說，立即答應。許成平時注重感情投資，結交了這位畫家朋友，從而讓他的畫廊得到了這位畫家的很多上乘畫作，畫廊的生意也日漸興旺了起來。

要是我們像許成一樣，能在平時養成注重感情投資的好習慣，在平時多和自己的朋友聯繫，那麼，當我們需要幫助的時候，平日裡的那些投資就會發揮出作用，這樣我們要解決的難關也就順利地解決了。所以，我們要把培養感情的「功夫」放在平時，多給對方一些關照和幫助。

任何事情的發展都具有雙面性。當我們和別人有了好的交情，才容易得到他人的賞識。否則，就算有再厲害的本事，也無用武之地。生活在這個快速節奏的社會中，總是忙碌，可能沒有時間進行應酬。長久下來，有很多原本固定的關係就不再兼顧，朋友之間也會逐漸互相淡漠，這是很可惜的。我們應該珍惜人與人之間的寶貴的緣分，再忙，也不要忘記保持感情。否則，「臨時抱佛腳」的做法往往會讓自己失望。

在當今社會裡，倘若我們不與人交流溝通，很快就會落後。為了避免落於人後，就要多多和人進行交流，樹立多方面的人際關係。平日裡多加聯絡，給朋友打一通電話，帶上幾句問候，這對朋友來說就是最好的禮物，也是會做人的表現。和朋友的聯繫多了，才不至於讓對方忘記我們，也不至於讓彼此的感情淡漠。我們應該始終記住，朋友是我們人生的財富。

第八章　理性生活，幸福永伴

家和萬事興，該讓步時就讓步

俗話說「家和萬事興」，夫妻之間應該在生活中學會相互謙讓和包容。不論對丈夫還是妻子來說，我們要做的並不是控制對方，而要做到隨時溝通。倘若雙方中的任何一方想去控制對方，那麼婚姻很可能就會破裂。

現實生活中，經常會有夫妻間因為一點點小事就爭吵不休，有時候甚至因為小事而鬧離婚。出現這樣的事情非常不值，甚至有些瑣事根本不值得一提。

總有些人喜歡對別人說的話句句思索，對別人的過錯更是加倍抱怨；對自己的得失經常耿耿於懷。這樣的人對周圍的一切都敏感，在很多時候總是曲解和誇飾他人的話。這樣的人在生活中很難得到真正的放鬆。而在夫妻生活中，這種做法更不可存在。兩人結為夫妻，就要相互信任。不可因為些微小事而起了口角，甚至懷疑對方。想想婚姻的初衷是什麼？那就是愛和被愛，是快樂和安全感，是讓雙方都過上好的日子。而這些只有在和諧的夫妻關係下才可能有。

所以，在共同生活的過程中，不論是誰發怒都會給對方造成傷害。而一方在發怒時，另一方應該馬上「熄火」。事實上這樣的道理很簡單，所愛的人已經痛苦萬分了，我們在這個時候如果持續發洩自己的怒氣，那就真的是火上澆油了，事情只會越鬧越大。兩人都應該學會靜心聆聽和接納，和對方共同尋找原因，好好溝通，才能讓對方的怒氣逐漸平息。

就好比一家人開開心心地吃完晚飯後，妻子去廚房收拾，丈夫則在客廳裡看電視。突然間妻子不小心將一個碗打碎。丈夫聽見也沒說什麼。這時妻子首先嘆了一口氣，接著又嘆了第二口氣，丈夫聽到妻子頻頻嘆氣，不禁感到有點厭煩，嘴裡說道：「碎就碎了吧，『碎碎』平安嘛！」沒想到妻子一聽反而更生氣，指著丈夫怒喝道：「你這話是什麼意思？」丈夫剛想解釋，妻子開始說了：「你不洗碗，當然不會打碎。我要做的家務事一堆，當然受到的氣也多！」聽到妻子這樣說，丈夫並沒有跟著發脾氣，反而沉默不語，讓妻子指著自己盡情發洩。結果妻子說了一會兒，眼見丈夫也沒有什麼不滿，自己氣也消了，就繼續做自己的事。第二天，他們往常的和諧氣氛又回來了，那個小小的不愉快就像沒有發生一樣。

所以說，夫妻雙方在生活中就應該懂得讓步。要贏得愛人的愛和尊重，就不要總想著控制對方，要讓爭吵平息，就得首先學會做一個永遠的「輸家」。

「十年修得同船渡，百年修得共枕眠！」家庭不是房屋，不是電視，不是冰箱，也不是物質堆砌起來的空間。雖然說物質的豐富可以讓我們得到美好的享受，可那是轉眼即逝的。試想，雖然自己住著大房子，開著豪車，可婚姻卻充滿了冷暴力，和自己的愛人同床異夢，這樣的物質富足又有什麼用呢?這能叫「家」嗎?既然是家，那就應該有自己至愛的親人，應該有一份溫暖。家就是我們和家人情感的全部，擁有它的時候，它非常平凡，就像柴米油鹽醬醋茶;可是一旦失去它，就再也找不回來。

喜、怒、哀、樂是人之常情。人只要高興的時候都好，一旦家中有一個人不高興，整個家都容易被影響氛圍。一方的脾氣不好，就很容易向對方發火。而對方要是沒有作出讓步，很可能就出現了爭吵不休的事情。所以，我們應保持冷靜，不能總是對其他人發火。應該想想，家裡的每個人都是我們的親人，都很關心和愛護我們。而我們的不高興，卻往往在無意中傷害了自己的親人，而自己因在氣頭上都覺察不到這些，但過後想想總會後悔的。家庭成員之間應該相互理解和包容，而不應該發脾氣。

多站在對方的角度，多替對方考慮，這樣就能換來整個家庭的和諧。為了整個家，每個家庭成員都要付出自己的愛，特別是家長，對待自己的孩子，方法要適當。當孩子學習進步時，要及時表揚和鼓勵，當孩子犯了錯誤時，盡量避免打罵，指出他的錯誤在哪裡，讓孩子意識到自己的不對，才有利於改正錯誤。尤其正處於幼童年齡的孩子，因為較不懂事，所以家長一定要有耐心。雖然有的時候孩子可能讓家長很傷心，但我們絕不能因為傷心而不管孩子。

想要有一個溫馨的家，充滿愛意的家，就要保證每位家庭成員的和諧相處，處理好每位家庭成員關係，對每位家庭成員都大度一點，這才是我們的正確做法。

愛情也有拐角處，不經意間定一生

曾經，有一個人對愛情特別渴望，以至於每次都在佛面前虔誠地許願，讓他得到愛情。可是，渴望歸渴望，現實總是沒有那麼理想，他還是一直沒有如願獲得愛情。佛被他那虔誠的心打動了，便給他托了一個夢。

夢中，佛對他說：「年輕人，你是個好人，說一個願望吧，我可以幫你實現。」

「那就讓我早日收穫愛情吧！」這位男子急迫地說出了自己的願望。

「當然可以。」佛答應了他的要求。

可是這位男子還是有點不放心，他對佛說：「我想知道我會在什麼時候遇見愛情？」

佛沒有回答他的問題，可是男人一直很期待，佛只好說了一句：「不可說，不可說，一說就錯。」

愛情就是因為未知，才讓人們充滿了嚮往。如果早早就知道了結果，那不就失去了它的神祕和誘惑了嗎？所以，我們要在愛情還沒有降臨之前，不要將愛情的自然之態、靈犀之美打破；不要將愛情的自由之身和意外之喜給剝奪了。在佛教的因果輪迴裡，愛情是前世的約定，該來的會來的，是誰的終究會歸誰，往往在不經意間，屬於自己的那個人就會悄然出現。

古時候有位名妓，叫做蘇小小，她在西泠橋畔乘車遊玩的時候，被眼前的風景陶醉了，而就在這裡觀賞風景的時候，偶然間邂逅豪門公子阮郁。而兩人不經意間的相望，便產生了愛情，成了千古的愛情絕唱。這段愛情雖然是不經意間萌生的，最終也沒有成功，卻是傳奇女子蘇小小一生中最為轟轟烈烈的一段愛情。電影《亂世佳人》中的郝思嘉和衛希禮，就是在不經意間相識相愛，最終演繹了一段熾熱而糾葛的愛情故事。

愛情無法預言，也沒有預兆，它的到來總是悄悄地，渾然天成。在愛情沒有光顧我們的時候，我們要好好愛自己，愛生活；當愛情到來的時候，我們就要好好地接納它，珍惜它，把握它。

善意的謊言，那是愛情的智慧

愛情是什麼？有人說，愛情根本就是不存在的東西，是不切實際的；也有人說，愛情是年輕人的遊戲。事實上，這些說法都是片面的，沒有說出愛情的本質。那愛情的本質到底是什麼呢？那就是雙方彼此的付出。這樣的付出是無私的，不添加任何成分。愛情既不是權力的籌碼，也不是用來交易的工具，當然更不是玩弄的遊戲。只有那些懂得感恩的人，才能真正地享受愛情，珍惜愛情。

就好比夫妻之間為了打消對方的疑慮，不讓對方擔心，總會說一些不傷害彼此感情的謊話。這就是夫妻生活中「善意的謊言」。善意的謊言是調節關係的潤滑劑，它往往在生活中起著極其重要的作用。研究顯示，夫妻雙方最常說的謊都一樣，全都是「我沒事」。

一位心理學家研究發現，人在六十歲之前，說謊的次數數之不盡。對於一個男人來說，他一生說謊的次數超過了十萬次，而平均每個女人一生要說謊五萬次。根據研究，心理學家總結出人們對伴侶最愛重覆的四個「白色謊言」。其中，男女最習慣脫口而出的謊話都是「我沒事，不用擔心。」而男人們經常說的謊言還包括「我發誓這是最後一次」、「這件衣服對你來說不錯」，還有「我已經在路上了」。而女人們常說的謊言則是「這衣服不是新買的，我以前就穿過」、「這件東西是打折時候買的，很便宜」以及「我有些不舒服，你能幫我嗎？」

對夫妻來說，男人說謊是為了維護婚姻關係。他往往能猜到妻子要什麼樣的答覆，即使和事實不相符，他們也會盡量配合妻子，讓妻子聽了滿意，容易接受。女人說謊的原因有很多，但她們的主要目的是為了讓丈夫易於接受，或是讓自己的不合理行為避免丈夫的責備。

當然，愛情是需要真誠的。要讓愛情之樹常青，雙方就要做到信任和包容。那些缺少了真誠的愛情，就像是無水之源、無本之木，因為沒有牢固的根基，所以必然長久不了。而善意的謊言並不是說雙方不真誠。這樣的做法不但沒有違背彼此真誠的信條，相反，還能增進彼此的感情，讓愛情熠熠生輝。

在愛情中，善意的謊言是合理的，只要我們不傷害對方，就可以適當使用。有時候，我們會發現，恰到好處地來點善意的謊言，這樣就可以有效地化解一些不必要的誤會和抵觸，從而讓愛情變得更加和諧、美滿。

例如有一對感情很好的戀人，當他們正在籌備婚禮時，卻出現了一個意外。男孩被檢查出罹患癌症。殘酷的現實晴天霹靂，男孩意識到自己已經來到了死亡的邊緣。

在一個陰雨綿綿的下午，男孩思考了很久，他不得不作出一個很痛苦的決定——和女孩分手。然而女孩卻堅決地搖了搖頭，她不答應。就這樣沉默了一會，女孩忽然微笑著對男孩說：「你說這個世界上到底有沒有愛神存在呢？」

男孩看著女孩，搖了搖頭。可是女孩仍然很自信地說：「我想一定有！我相信愛神一定會保佑我們的愛情。」剛說完，她就從衣服的口袋裡拿出了一枚一元的硬幣，放在手心，然後閉上眼睛對男孩說：「我要跟愛神許五個願，我們現在就來做個測試，要是硬幣的正面朝上的話，就證明他同意。」

當女孩許下第一個願時，她把硬幣往空中一拋，結果是正面。女孩很激動，她說：「你看看，這代表愛神已經答應我第一個心願了！」於是，女孩又連續拋了四次，而讓他們最高興的是，一連五次都是正面朝上。

男孩看到了這個結果也非常激動，於是他緊緊地抱住了女孩……後來，男孩做了詳細的檢查，男孩的腫瘤被確診為良性，進行了切除手術。手術進行得也很順利。沒過多久就康復了。在經過這段插曲後，男孩與女孩終於走上了婚禮的殿堂。在婚禮上，男孩輕輕地吻了一下女孩的臉，對她說：「我們應該感謝愛神的保佑。」

就在這個時候，女孩把一枚還帶有餘溫的一元硬幣塞到了男孩的手裡，原來它是由兩枚背對背的硬幣緊緊黏住，連接而成的！男孩深受感動，然而他卻對女孩說：「其實當妳許願的時候，我已經知道妳拿著的硬幣是特製的。也是從那時起，我知道了這個世上真的有愛神存在，就在我們的心裡！」

一個善意的謊言，產生了奇蹟，最終讓這兩個年輕人走在了一起。所以說，善意的謊言是美麗的，是值得諒解的。在家庭中，善意的謊言往往是智慧的表現，它能讓整個家庭保持和諧。

家庭生活的幸福，離不開寬容和理解

對於一個家庭來說，成員不僅僅有夫妻，還有父母、孩子，這些因素都是一個家庭不可缺少的。所以，幸福的生活不僅要夫妻和諧，整個家庭成員都要和諧相處。而和諧幸福的前提就是各個家庭成員之間相互理解，以包容之心對待自己的家人。這並不需要太多的言辭，也不需要太多的寒暄和虛偽，關愛有加，才能讓家庭生活散發出芳香。

要讓自己的家庭生活走上幸福的道路，那就要注重日常生活中的細節，具體來說，和以下這些方面的情況有著重要的關係：

第一，家庭生活中的每個成員都要懂得去愛和接納自己。家庭並不是某一個人的，還包括其他成員。只有學會了愛自己，才可能學會去愛他人。而一個連自己都不愛的人，怎麼會去愛家庭中的其他成員呢？當然，這些人也就不能真正理解什麼是幸福生活。

第二，家庭生活重在溝通。在一個家庭中，各個成員之間的溝通非常重要。有什麼誤會，一起認真解決，有什麼難關，一起想辦法。一定要坦誠相待，互相尊重，交流各自的想法。對於自己的錯誤要勇於承認，既然錯了，也要吸取經驗教訓，找到錯誤的原因和正確的應對方法。當自己有什麼高興的事時，應該拿出來和大家一起分享。

第三，理解和寬容是家庭生活的主題。家庭其實就是一個小社會，家庭成員之間由於觀點不同等問題，總會產生各種各樣的家庭矛盾。其實這也正常，人非聖賢，孰能無過？不犯錯誤的人是不存在的。犯了錯誤也不可怕，只要能及時找到錯誤的原因，並積極改正，這也是值得肯定的。他人的錯誤，我們應該懂得饒恕和寬容。寬容是解決家庭矛盾的良藥。作為家庭成員，不應該和家人計較太多的得失，不妨試試放下一些事，看淡一些事，這樣往往能換來整個家庭的和睦。

第四，要懂得相處的藝術。在一個家庭中，我們要學會與父母相處、與自己的伴侶相處、與子女相處、婆媳之間的相處等，這些都是家庭生活的必修課。在生活中，要多進行角色的轉換，站在對方的角度考慮問題，這樣就能更清楚地體會到對方的難處，給家人充分的信任，於是，不少家庭生活中的矛盾和不愉快就會很快化解開。

過上幸福的生活人人都渴望，可是它沒有想像的那麼容易，生活也沒有想像的那麼簡單。在當今社會，人們承受著太多的負擔和壓力，忙於學習、忙於工作、忙於賺錢等，許多事情都擺在了我們面前，因此也讓不少人逐漸忽視了家庭成員之間的友好相處和溝通。人們每天都為了生活而奔波，卻忽略了家庭生活，實在不可取。

所以，作為一個家庭的一員，我們每個人都有義務保持家庭的和諧，保持各個成員之間的順暢溝通，保持有事大家共同商量決策的這個習慣。在家庭成員之間真正做到相互理解，相互包容，相互愛護。對於孩子，我們要多加教育，要拿出耐心。正是因為孩子不懂事，才要我們家長去教育的。當孩子犯錯時，不要失望，也不要心急，應該耐心教導才對。對於父母，要孝敬。人邁入一定年紀，有些想法不免和年輕人有所衝突，即使他們有的想法或做法，並不符合意願，也不要太在意，畢竟其用心良苦都是為了自己關心的人。我們應該試著理解。

總之，家庭中的老老少少能其樂融融，才是一個健全的、充滿愛意的家庭，這樣的家庭也才是大家嚮往的。

知足才會常樂，生活就該這麼過

有不少人之所以過得很不自在，是因為他身上背負著許多不該有的東西，這些東西已超出了他的承受範圍，所以壓力容易變大。長期生活在重大的壓力下，要如何享受到生活的幸福和快樂呢？其實，人生必不可少的東西是非常少的。我們日常生活中背負的不少東西都是沒有必要的，只要認清楚了這一點，我們就可以過得從容一些。

我們應該保持一顆知足的心，用平靜、理智和樂觀的心態去對待自己的生活，做到不以物喜，不以己悲。遇到事情了，要想得開，想得寬，也要想得遠。人生的得失是一種自然規律，沒有必要去計較，而要學會一切順其自然，處之泰然的處事方法，讓自己始終保持清醒的大腦和樂觀的心態。

知足常樂的道理我們大家都知道。可是又有幾人能夠真正做到呢？許多很聰明的人，都是因為不知足，貪心過重，所以終日奔波於名利場中，結果讓自己每日都抑鬱沉悶，找不到人生的快樂和希望。

人的欲望是沒有止境的，倘若任其膨脹，那必然會後患無窮。一旦人有了貪欲，永遠都不會滿足，這時就會有欠缺感，於是就高興不起來。一位著名作家曾經說過：「任何目標的達成，都不會帶來滿足，成功必然會引發新的目標。正如吃下去的金蘋果都帶有種子一樣，這些都是永無止境的。」所以，減少自己的貪心，不知足的心態讓我們在生活中體會不到幸福和快樂，反而多了一份悲觀和失望。

就好比有一個人在路上走路，偶然撿到一千塊錢，這筆意外之財讓他十分高興。於是他突發奇想，若是以後總都低著頭走路的話，說不定還能遇到這樣的好運氣。

從此以後，他就開始低頭走路，時間一長就養成了習慣。過了幾年後，他把自己這幾年撿到的東西做了統計——除了幾百塊錢以外，其餘都是用不到的東西，而這些東西的總價值也才多幾十塊，非常不值得！並且這人因長期低頭走路形成了嚴重的駝背。在過去的幾年中，他沒有心思去欣賞周圍的美麗環境，在貪心的驅使下，結果為自己的身體帶來了不少損害，卻沒有想像中的收穫。

貪心的可怕之處，不僅在於它能摧毀有形的東西，而且也能攪亂我們的內心世界。我們的自尊和我們所持守的原則，在貪心的面前都可能會毀於一旦。人的貪心，往往是在和他人的比較中產生的。同樣的道理，人要知足，也可以透過比較得到。人的欲望就像黑洞一樣，根本就沒有填滿的時候，倘若放任自流，順其發展，那當然會為自己帶來許多煩惱。要是能多看一下不如自己的人，和他們多作一些比較，而不是總和比自己強的人比較，這樣一來，一切不平之心可能就會有所平靜。很多時候，當自己的貪心太重時，我們可以試試這種「比下有餘」的生活態度，它能讓我們在心理上有所安慰，從而產生滿足感。

有個年輕人常常為困苦的生活而哀嘆，整日生活在抱怨之中。

「其實你擁有很多寶貴的財富，為何要不停地抱怨呢？」一位智者對他說。「是什麼財富？它在哪裡？我怎麼一直不知道？」年輕人聽到後急切地問。

「你的一雙眼睛，如果把你的雙眼給我，我就可以幫你實現財富夢想。」

「不行，眼睛不能失去，如果失去了，有那麼多財富還有什麼用呢！」年輕人拒絕。

「好，那麼把你的一雙手給我吧！因為你給了我一雙手，所以我可以給你一袋黃金，算是對你的補償吧。」智者又說。

「不行，雙手對我來說也很重要，我不能失去它們。」

「年輕人，這就對了。你想想，既然有一雙眼睛，你就可以用來學習；既然有一雙手，你就可以利用它來勞動。現在，你明白了吧，這些都是你的寶貴財富啊！這些就是你人生中的無價之寶。」智者微笑著說道。而年輕人聽完之後也覺得很有道理，心情也好了許多。從此以後，這位年輕人的日子也漸漸富裕了起來，再也不抱怨了。

在現實生活中，我們如果能適當地降低一些標準，退一步想一想，就會發現其實現在自己擁有的東西就不少。人要是能體會到自己本來就是無所欠缺的，這便是最大的財富了。

當然，知足和不知足也會因為年代、環境和生活經歷的不同而相互轉化。對於窮苦的年輕人來說，不知足能讓自己有一顆奮鬥之心，只有這樣，自己的生活才會改變；對於富豪們來說，他們可以將不知足之心用在對於知識的追求上，進而提升生活品質。

總之，知足能讓人明白既然不可行那就不要去強迫，不知足讓人明白既然還能奮鬥，那就要付出自己的努力。如果明明知道某種方法行不通，卻依然要按照這種方法去執行，那只能是徒勞無功，甚至可能讓自己墜入欲望的深淵；如果知道採用某種方法具有可行性，卻沒有去執行的勇氣，那就是不求上進。事實上，知足與不知足這兩者之間有一個「分寸」的問題。分寸是智慧，更是水準，就看我們在生活中是否能精巧地掌握了。

工作再忙，也不忘子女的教育

當今，有很多家長由於工作忙，對自己孩子的教育就忍不住鬆懈。父母為家庭忙碌可以理解，可是絕對不能因為忙，就忘了教育孩子。

現在大多數家長可能認為把孩子送到幼兒園接受教育就可以了，這樣的觀點是不正確的。孩子進入幼兒園的確能受到更早的教育，並且能讓孩子早點學會和他人相處。可是這只能是兒童教育的一個部分。家庭教育仍舊擁有無法替代的地位。在孩子小時候，家庭教育和幼兒園的教育都是不可缺少的。彼此不能取代，要互相補充，相互協作。

家庭教育和日常生活密切結合，家庭對孩子的影響和教育非常深遠，對孩子個性的形成和未來的發展都有著不可估量的作用。具體來說，家庭教育對孩子的影響展現在以下幾個方面：

第一，為孩子性格的形成打下基礎。孩子性格的形成，離不開家庭的影響。小時候家庭的影響，甚至會影響孩子的一生。一位成功人士在談他取得的成就時說，這些成果並不意味著他聰慧過人，這只是他能吃苦、勤奮、有志氣的結果，而這些性格特點，就來自小時候家庭對他的影響。父母通情達理，性格開朗，那麼就能把自己的孩子教育得通情達理，性格活潑開朗。小孩性格的可塑性很強，在什麼樣的環境裡，就能形成什麼樣的性格。

第二，對孩子心靈和情感上產生巨大影響。在家庭中，家人的關心，父母的深愛這些都能讓孩子產生安全感、依戀感、信任感，這一切可以讓孩子的情感有依靠，同時也讓孩子的愛心逐漸成長，萌發孩子善良的情感，這對孩子良好品德的形成有著奠基作用。

第三，對孩子良好習慣的養成起著至關重要的影響。要是能從小養成良好習慣，這對於一個人來說是終身受益的。許多家庭秉持著「不讓自己的孩子輸在起跑線上」，所以孩子的家庭教育是不容忽視的。

孩子和父母的親情是讓他們身心健康發展的重要精神營養。要建立起這種親情，父母就要多和孩子交流，多空出一些時間和孩子增進情感。倘若父母不顧孩子，不與孩子相處，那就無法了解孩子的心思，也就建立不了親情。所以，家長們可以在接送孩子的路途中多和孩子交談，在放假期間多帶孩子出去玩，和孩子多談心，讓孩子多見見外面的世界。

父母的工作繁忙，和孩子在一起的時間就必然減少，所以，提高和孩子交往的品質對家長來說是很重要的事情。一位兒童教育專家曾表示，她對小時候的家庭教育深有體會。小時候，自己的父親工作很忙碌，和自己相處的時間並不多，可是小時候記憶最深刻的時光就是和父親在一起的日子。每到春天的時候，父親都會帶著自己去戶外放風箏，教導自己放風箏的技巧；到了炎熱的夏季，就偎依在父親的身旁，聽他講故事。這些經歷都讓孩提時代的她充滿了歡樂，和父親的感情也更深。心理學家表示，有一段時間父親和自己分隔兩地，每天都盼望父親早點回來。因為在自己心裡，只要父親在家，整個家裡就像充滿了陽光一樣，溫馨、甜蜜。她說，父親不但給了自己童年的幸福，而且還對自己在性格和為人處世方面產生了非常重要的影響。

一位偉人曾經說過這樣一句話：「法官的行業是法律，傳教士的行業是宗教，家長的行業是教育子女。」所以，對每位家長來說，不管從事什麼職業，不管有多忙碌，只要擁有孩子，不可忽略其教育。這是作為父母的義務和責任，也是對孩子負責的表現。千萬不要因為工作忙碌，而忽略了孩子的教育。因為孩子的未來，往往與小時候的教育有著很重要的關係。

生活要幸福，理財離不了

家庭生活的幸福，離不開理財。不論貧富都要學會理財，這是現代人生活中不可缺少的能力。所以，我們可從以下幾個方面做起：

第一，要對自己的消費進行合理規劃。當每月薪資發放之後，拿出一部分的錢，用來儲蓄。儲蓄習慣在家庭生活中是必不可少的。除了用來儲蓄的錢，剩下的就可以用於日常生活的開銷。「月光族」的生活在家庭中不可有，我們可以把自己的薪資分成幾個部分，每個部分都有用途，比如一部分做存款，一部分做生活費，還要留一部分用來交際、外出吃飯等。盡量避免在奢侈品上花錢，不要為了一時的舒坦而超前消費，這對家庭理財來說都是不好的。倘若我們目前沒有把收入的百分之十以上進行儲蓄，萬一遇到緊急事件或突發事件，就無法即時解決。要明白，那些表面的華麗所付出的代價往往都是昂貴的，努力工作並不是為了以虛無的東西表演給他人看，而應該追求切切實實的富裕。

第二，要製造盈餘，學會投資。倘若我們還在為溫飽問題而發愁，或處在入不敷出的階段，那就必須想辦法讓自己儘快脫離這個現狀了，要爭取早日加入投資者的行列。所以，除了認真、努力對待自己的工作，保證工作這個基本賺錢管道的穩固以外，還要想辦法利用好身邊現有的資源，包括時間、精力、知識、勤勞等，綜合利用這些因素，為我們創造致富的條件。不論我們現在從事的是什麼工作，要累積財富，只有兩種基本方法：開源和節流。所以，無論我們目前是否充裕，都必須學會製造盈餘。因為只有當我們有盈餘的時候，才可能有參與投資的實力和心態。

所以，盈餘就是我們資本的原始累積，等有了這個原始累積的基礎，後面的投資就不再困難，而這一行為的持續將可以改變我們的命運。

第三，提升自身的能力。人和金錢之間存在著三個階段的關係，第一個階段：透過付出自己的勞動力賺取薪資；第二個階段：利用錢的資質獲取更大的利潤；第三個階段：自己就是金錢。

在激烈的社會競爭中，我們必須從各個層面積極提升自己的個人價值，這是因為在資本的原始累積階段，使用最基本的賺錢方式，透過自己的汗水和勞力換取成果。所以平日裡，除了不斷吸收新的知識以外，還要累積更多的社會經驗。而當自我價值提升了，能承擔的責任就更多了，獲取的報酬也更高了。收入比以前高了，解決基本的生活開支後就會有盈餘，這時就可以使用盈餘的錢，去賺更多的錢。能力提升了，能接受的財富也就增多了。所以說，基礎打得越深，可以創造財富的空間也就越大。

第四，調整消費習慣，量入為出。生活中有不少人無論是賺了多少錢也不會有盈餘，而有時候甚至還陷入更大的債務裡。這是為什麼呢？其實絕大多數人就是因為沒有養成良好的消費習慣，缺乏長遠的消費計畫。他們總是控制不住自己的消費行為，把自己所有的收入都用來應付眼前問題。倘若養成了這樣的習慣，就像染上毒癮，難以根治。

現下的收入就是衡量自己消費的標準。住什麼樣的房子，開什麼樣的車，購買何種類型的消費品，這些都要從自己收入的實際情況出發，切莫「打腫臉充胖子」，花錢購入一些無法負荷的東西，表面的富裕沒有必要付出這麼高的代價。所以，與其讓自己盲目消費，不如替自己制訂一個計畫，進行合理的消費。為了讓自己有財務盈餘，我們可以作出短期的犧牲，適當地減少一些不必要的消費。倘若一些習慣無助於我們實現自己的目標，那麼我們就應該毫不猶豫地改變它。

所以，對於一個家庭來說，理財是一個長期的規劃。俗話說「細水長流」。在家庭的理財中，學會節流，也要學會開源。杜絕那些奢侈浪費的消費習慣，適度消費，真正把家庭理財的方法落到實處。

不要總是抱怨，而要真心交流

雖然我們都知道，抱怨解決不了問題，可是生活中，總有不少人習慣抱怨。尤其在一個家庭裡，總是抱怨會給整個家庭帶來陰影，影響一家人的生活。

抱怨是不可取的生活態度，它使人變得負面、憂鬱、消極，甚至易怒和敏感。抱怨往往代表一個人對於某件人事物的不滿，而不滿又是如何產生的？大多都是對於某件人事物的過於敏感造成的。就好比家庭主婦總是負責繁雜又龐大的家務，除了每日都要打掃，還要負責全家人的三餐，一年三百六十五天沒有所謂的「假日」。如此龐大的壓力消耗了家庭主婦的精神與耐心。長期下來便容易對於丈夫或孩子在家中的「無所作為」感到忿忿不平、不滿，進而使衝突加深，容易抱怨，甚至引起家庭內的爭執。那要如何避免抱怨呢？最好的處理方式就是溝通。明白抱怨者真正在意的點，從而理解、接納，如果能夠提供幫助，就改變自己，伸出援手，抱怨的情況便自然而然減少許多。與其用大聲爭執的方式來當作溝通、交流的一種，不然放下成見，認真傳達自己「抱怨的點」，究竟哪個細節感到不舒服或不愉快，這樣溫和的溝通方式，才是所有人樂見其成，也願意傾聽後改變的。

吵架難免，掌握原則

每個人都希望家庭和睦，都希望夫妻之間能和諧相處，避免與配偶的衝突。可是對夫妻雙方來說，衝突總是難以避免。不論夫妻之間有多恩愛，從來不吵架的夫妻幾乎不存在。

也許有人會說：「既然吵架不可避免，那是不是想怎麼吵就怎麼吵？想怎麼鬧就怎麼鬧？」答案是否定的。就算真的要吵架，至少也要讓夫妻雙方受到教訓，從而改善夫妻關係，而不是不顧後果。吵架歸吵架，吵架過後還是要繼續生活。

雖然是吵架，但也有原則：

第一，不要在大庭廣眾之下吵架。夫妻之間究竟有什麼解決不了的問題，要在大庭廣眾之下吵鬧？俗話說「家醜不可外揚」，兩人之間的問題，兩人自行解決。

有一對夫妻，他們不管周遭有多少人，總是說吵就吵，結婚幾十年，子女也長大成人了，可他們還是一直吵。上一秒還好好地說話，下一秒就吵了起來。雙方完全不顧自己的面子和對方的面子。在鄰居們的印象裡，他們整天都在吵鬧。這樣的夫妻，生活能過好嗎？

第二，不要翻舊帳。在吵架時候，雙方情緒都很衝動，而這時最容易翻舊帳。倘若平時相處還可以，要是到了吵架的時候，新仇舊恨都可能湧上心頭，越想越生氣，那些陳年老帳就會被翻出來。隨著時光的流逝，舊帳就會越來越多，吵架也就越來越多。

第三，不要遷怒對方的親人。夫妻雙方吵架就單指兩人的事就好，不要牽涉到對方的家人。不管結婚多久、在一起多久，對方和自己的家人永遠都是最親的血緣，切莫仗著自己的家庭身分而口出狂言，侮辱雙方的家人，這是非常不理智的行為。

第五，不要以偏概全，全盤否定。有時候夫妻吵架，明明對方只有一次沒有做到，卻說：「你從來就沒做對過」、「從來都沒幫我做過家事」、「你從來都不聽我的」等，但其實現實並不是所說的「一次都沒有」，只是偶爾沒有做好，卻因為這一兩次失誤就全盤否定，這樣的反應只會表現出自己的吝嗇跟自私而已。

第六，不要進行人身攻擊，不為無法改變的事實吵架。比如對方的身高、學歷和經歷等，這些都是沒辦法改變的事情，無法改變的事情就不要刻意拿出來攻擊，只會讓對方更傷心，甚至會讓對方認為自己不可理喻。吵架不能只顧發洩自己的怒氣，不要對對方造成人身攻擊。

第七，不說過於激動的話，也不要動粗。有的人吵架，因為在氣頭上，所以什麼都說，比如「你算什麼東西?」、「你什麼都不是」等。雖然說自己情緒激動，當然也不能為所欲為。有些話一旦說了出去，可能會讓對方記一輩子，這些話對雙方的情感影響是非常大的。

尤其是兩人吵架了，切莫對彼此動粗。一旦動了粗，造成的傷害就很難彌補。也許就因為一次動粗，而讓對方徹底失望。

第八，氣頭上時不提離婚。吵架的時候，很多人總是習慣把離婚掛在嘴上。其實雙方可能都明白這是氣話，說者只是為了解氣而這樣說，可是聽者有意。對方聽了，心理受到莫大的傷害。現實中就有很多夫妻，因為一氣之下將「離婚」二字脫口而出，而在氣頭上的對方也不甘示弱，於是，一場婚姻就這樣結束了。而到了事後才覺得後悔，已經太晚了。

偶爾吵架並不會把事情鬧得很嚴重，通常情況下也不會帶給兩人的婚姻太大的傷害，相信經過不斷磨合，吵架的次數就會越來越少，夫妻關係就越來越和諧。

彼此信任，幸福一生

有一句話是這樣說的：「信任是心靈相通的橋梁，家庭穩定的紐帶，化惡為善的基石。」這句話為我們闡明了信任的力量。人們之間的交往，如果沒有信任，就不會長久，而夫妻之間也一樣，有了彼此間的信任，婚姻才能長久。

信任是婚姻最基本的因素。一對戀人能走在一起的原因可能有多個方面，包括對方的才氣、外表、心靈、性格等，不管其中的哪個因素讓你愛上對方，而要將這段真正的感情維護下去，那就必須用心，必須彼此信任。

有一對結婚多年的夫妻，妻子和初戀情人仍保持書信來往，直到有一天丈夫知道了，令他很不愉快。但是丈夫並沒有懷疑妻子，也沒有立刻責罵妻子，而是邀請妻子和自己一起坐下來溝通。丈夫把自己心裡的感受全部說給妻子聽，妻子也立刻領會，將自己和初戀情人之間的書信交給丈夫查看，並表示自己以後不會再跟對方有所聯繫。丈夫十分感動，兩人之間的感情依舊濃情密意。

看了上面這則故事，我們可以做個反面的思考。假如故事中的丈夫不信任妻子，那會出現什麼情況？若丈夫在發現妻子的祕密後，選擇大聲指責甚至動用暴力的話，不但無法阻止妻子繼續跟初戀情人聯絡，甚至很有可能讓他們之間漸行漸遠。

一對戀人由相愛到組建家庭，無論對雙方中的任何人來說都是好事。雙方肯定有被對方所吸引的地方。所以，無論對其中的任何一方，另一方都應該懷著感激和敬佩的心情關心、支持和信任他，這是因為已經是一對不可分割的共同體！

信任是對他人的尊重，同時也是對自己的尊重。倘若不相信自己的愛人，那為什麼要選擇他？倘若不相信他，那怎麼讓他相信自己？共同生活需要的是信任而不是猜疑。在生活中，懷疑的一方經常是因為多疑而生氣，而被懷疑的一方經常是因為對方的不信任而生氣，雙方都生氣，戰爭必然爆發。最後讓兩者都會受到傷害，也會危及家庭。

或許對於懷疑的人來說，他認為正是因為自己在乎對方，所以才會產生懷疑。然而當自己還沒有確切的消息時，最好不要輕易生出懷疑。因為這些懷疑往往讓真正愛自己的人很傷心，也會讓對方產生反感。

夫妻雙方都需要信任。這是家庭和諧完整的前提。如果彼此失去了信任，雙方感情肯定會受到傷害，甚至給雙方造成一輩子的傷和痛。生活中，夫妻雙方因為彼此不信任而使家庭破碎，從當初的愛到不信任，再到最終兩人分道揚鑣，這樣的事情真是太多了。它們為我們提供了一個個反面的教材。而我們則要吸取教訓，做到相互信任，相互關愛，相互體諒，相互寬容，讓自己的生活更美好。

第九章　改變習慣，創造人生

遇事要沉著，不要驚慌

人生在世，不知道會遇上什麼事情。當我們身處險境時，要懂得應變之道，要根據實際的情況和現有的條件，迅速地作出有效的反應，維護自己的安全和利益。面對突發性事件，任何人也無法預先做好應變的準備。所以怎樣根據眼前環境狀況採取不同的策略，是一個人應變能力與分析能力的直接展現，遇事沉著冷靜不驚慌，是處理突發事件的基本要素。

並且，處理問題不能總用同一種方式，在遇到危機時也一樣，要根據不同的環境、不同的時間、不同的對手，採取不同的對策，這樣才能確保在危機中化險為夷。

就好比一位女子在一條巷弄中遭到尾隨，她感到十分害怕，卻仍舊努力讓自己保持冷靜。女子拿著手機放在耳邊，假裝正和人通話，利用報告自己的行蹤試圖嚇阻歹徒。歹徒見狀便不敢向前靠近，女子趁機走出沒有人煙的巷子，來到大馬路旁邊，看見前面有一間超商，便假裝不慌不忙地走了進去，直到看見店員以後，女子才驚慌失措地懇求店員幫忙報警，而歹徒見到女子與超商店員已經聯繫警察，立刻倉皇地逃離現場。

遇事驚慌失措，只會讓情況越來越糟。冷靜下來，才能認真地思考問題，適時地找到應變的對策，扭轉局面。

堅持自己的意見，不隨波逐流

生活中，有許多人不管事情是否正確，都喜歡隨波逐流，從不堅持自己的觀點。當大多數人的意見與自己不同時，如果有信心認為自己的意見是正確的，就一定要堅持自己的意見。堅持自己的意見，不要被固有的觀念和長期形成的習慣所禁錮。只有勇於創造，勇於突破，才能成為真正的強者。

科學理論是相對的，它們具有先進性，也有自己的局限性。有些人雖然知識不足，但初生牛犢不怕虎，思想活躍，勇於奮力打拚，反而增加了成功的希望。人們常因為頭腦中有了固有的見解和長期養成的習慣，有些甚至是自己親身經歷而得出的經驗，因而緊緊抱住不放，遇到同類事情總是以原有的標準去衡量，而不願去思考別人的意見，哪怕是更好、更有效的辦法。故而曾經先進過的東西有時反而會成為創新的障礙。

十八世紀末，一些科技人員開始探討人類上天的可能，著手研製飛機。可是，反對的力量十分強大，他們都是當時世界上的科技名流。最具代表性的有：法國著名天文學家勒讓德，這位最早用三角方法測量地球與月亮之間距離的科學大師認為，企圖製造一種比空氣重的東西到空中飛行是不可能的。這一觀點得到德國大發明家西門子的支持。

西門子認為，飛機根本上不了天。能量守恆定律的發明者之一德國物理學家亥姆霍茲也潑出冷水，認為要將沉重的機械送上天純屬紙上談兵。美國天文學家紐康經過對各種科學資料的反覆計算，也得出權威的結論：飛機根本無法離開地面。

由於眾多科學大師與學術權威的堅決反對，金融界、工業界對飛機的研製也持不合作態度，飛機研製陷入重重困難之中。

一九〇三年，沒有上過大學的美國人萊特兄弟卻首次將飛機送上了天。萊特兄弟學歷不高，相關知識都是靠自學得到的。他們如初生牛犢不畏虎，不在乎權威的反對。他們細心觀察鳥類的體態結構及翅膀的動作，從中受到啟發，再運用科學原理反復試製、修改，終於取得突破性成功。

著名物理學家楊振寧談到科學家的膽魄時曾說：「當你老了，你會變得越來越膽小……因為一旦有了新想法，馬上會想到一大堆永無休止的爭論。而當你年輕力壯的時候，卻可以到處尋找新的觀念，大膽地面對挑戰。」為什麼有些大人物成名之後輝煌難再？其重要原因之一恐怕就在這裡。反對研製飛機的那些科學大師就是這樣。因此，我們應該學習萊特兄弟，不向習慣低頭，勇於突破自我，勇於挑戰權威。

十四世紀的歐洲處於教會的統治下，人們全都相信地心說，但波蘭天文學家哥白尼根據多年的觀察和研究，認為太陽才是宇宙的中心，即日心說。這在當時引起軒然大波，一時間，人們都認為哥白尼是沒有事實根據的，大家都無法接受這一說法，有的人甚至認為哥白尼是為了故意造成混亂而提出的謬論。

在當時是沒有人質疑地心說，哥白尼在提出自己的觀點後，雖然受到了很大的壓力，生命也受到了威脅，但是他並沒有為此屈服。他知道如果放棄，那就是前功盡棄。哥白尼對事實的一絲不苟和對真理的堅持到底，是一種很可貴的精神，對後人也產生了深遠的影響。

哥白尼的精神鼓舞著人們不論在什麼時候、什麼地方都要堅持自己認為正確的觀點，要有自己的主張，不能由於壓力和其他的干擾而放棄對真理的追求，屈服於習慣。

對於我們來說，這也是非常重要的，有目標才會去做，才能去努力。做任何事情都要有自己的觀點和主張，不能為了附和大多數人的觀點而放棄自己的想法。生活中，勇於標新立異，勇於堅持正確的觀點，克服從眾心理，掙脫固有習慣的束縛，才能成為生活的強者。

養成好習慣，握住成功敲門磚

每個人的成功都與自身的良好習慣密不可分。如果說成功是果實，那習慣當然就是種子。早在西元前三五〇年，古希臘哲學家亞里斯多德便宣稱：「正是一些長期的好習慣加上臨時的行動才構成了成功。」

好習慣是成功的階梯。很多傑出人物之所以敢揚言，即使現在一敗塗地，他們也能很快東山再起，就是因為他們養成的某種習慣鑄造了他們的性格，而性格成就了他們的成功。

石油大王洛克斐勒就有句名言：「即使你們把我身上的衣服剝得精光，把我丟在撒哈拉沙漠的中心地帶。但只要有兩個條件——給我一點時間，並且讓一支商隊從我身邊經過，那要不了多久，我就會成為一個新的億萬富翁。」這才是一個受人敬仰的大企業家的根本素養——絕地求發展，白手打天下。

好習慣是成功的階梯，只要這種信念存在，即便是荒漠中也能結出成功之果。英國唯物主義哲學家、現代實驗科學的始祖、科學歸納法的奠基人培根，一生成就斐然。在談到習慣時，他深有感觸地說：「習慣真是一種頑強而巨大的力量，它可以主宰人的一生，因此，人應該透過教育培養一種良好的習慣。」

愛迪生堪稱天才，他一生共創造了一千零九十三項發明，包括燈泡、留聲機、電影等。這些成就讓很多發明家望塵莫及，然而他本人卻把這些歸功於勤於思考的習慣。愛迪生說：「就像鍛鍊肌肉一樣，我們可以鍛鍊和開發我們的大腦……恰當地鍛鍊、恰當地使用大腦，將使我們的思維能力得到加強和提高。而思維能力的鍛鍊，又將進一步拓展大腦的容量，並使我們獲得新的能力。」

愛迪生明白，正是勤於思考的好習慣，讓他把自身更多的潛能開發了出來。同時，他還進一步解釋說：「缺乏思考習慣的人，其實錯過了生活中最大的快樂。不僅如此，他也會因此無法最大化地發揮和展現自己的才能。」

除了勤於思考，每個傑出人物背後都還有一個或者很多個助他成功的好習慣。事實上，我們可以看到，擁有好習慣越多的人，他成功的可能性也就越大。

一九七八年，七十五位諾貝爾獎獲得者在巴黎聚會。當記者問到他們在哪所大學、哪個實驗室學到了人生中最寶貴的東西時，一位白髮蒼蒼的學者出人意料地回答說：是在幼兒園。

記者聽聞忍不住發問：「在幼兒園學到了什麼呢？」學者回答：「把自己的東西分一半給其他人；不是自己的東西不要拿；東西要放整齊；吃飯前要洗手；做錯了事情要及時道歉；午飯後要休息；要注意觀察周圍的大自然。從根本上說，我學到的全部東西就是這些。」

這位學者的答話，代表了與會科學家的普遍看法：成功源於良好的習慣。從小養成的良好習慣對人的一生有著非常深刻的影響。它將潛移默化地在我們的學習、工作、生活和處世中展現出來，它以一種無比頑強的姿態促成你生活中的細枝末節，主宰著你的人生。好習慣可以讓我們插上翅膀，飛往天堂；壞習慣可以讓我們掛上鎖鏈，走向地獄。讓我們掙脫壞習慣的束縛，張開好習慣的翅膀，迎向成功。

培養小習慣，成就大事業

有人總是認為，生活中的一些小習慣對自己不會有什麼大影響，從來都不加以重視。孰不知，在成功的道路上，有時候產生關鍵作用的都是生活中的一些小習慣。我們知道，偉大的事業往往是由最細小的事物點點滴滴彙集而成的。生活的河流往往是由瑣碎的事情、無足輕重的事件以及不留一絲痕跡的細微事情彙集而成的，正是它們構成了生命的全部內容。所以，對待小事的態度也要認真，任何一個小習慣都不可小看。

在生活中，如果多一分認真，做任何事情都求一個結果，任何物品都回歸到原本的位置，以後需要時輕而易舉就能拿出來，過程節省了時間和精力，避免多少無意義的麻煩和苦惱。

例如有一家書店的會計，因為書店的帳目不清，連續三個星期夜以繼日地查帳，最後也沒發現錯誤。帳本上明明有四千五百元的虧空，卻怎麼也查不出來。他一遍又一遍地核對每一筆交易的收入和支出情況，一遍又一遍地把帳目核對後再累計起來，卻還是查不出到底哪裡出錯。

書店的經理單獨找他談話的時候，他已經筋疲力盡。經理重新翻開帳本，從頭到尾又核對了一遍，但是四千五百元帳目的虧空還是查不出來。於是他們把當班的主管叫來，大家再次核對這四千五百元的帳目。然而這一次，他們查清楚了。

「看，是這裡，這裡應該是四千五百元！」原來，會計將這筆四千五百元的請款單拿成了上個月的某請款單，所以最後的帳目才會不正確。

無論是做大事，還是做小事，不光要有清晰的思路，還要注重每一個細節。一些看似不起眼的小習慣，有時可能會帶來大麻煩。很多人習慣於把東西堆得亂七八糟，談不上井然有序，等到需要時，便翻來覆去用了許多時間才能找到，或者徹底放棄，這種惡習不但浪費了時間，而且降低了工作效率。

有些人做事馬虎，敷衍了事。脫下衣服、解下領帶，隨手一扔。正在做事時，如果不得不離開一會兒，就不管事情已經做到哪裡，立刻拋下。這種人不論是在生活中還是在工作中，總會把自己的四周弄成一團糟。這些人常常在失敗以後找不出其中的原因，其實，就是他們自己的一些小習慣造成的。

從我們的行動、談吐、態度、舉止、眼神、服飾、裝束……隨時都在表露我們是什麼樣的人。正是一些看似微不足道的小缺點卻像那遮住明月的烏雲一樣，掩蓋了我們原有的美麗與皎潔的光輝；正是一些微不足道的習慣，使我們成為一個不受歡迎的人。

在生活中，我們應該隨時隨地檢查我們的行為舉止，不可小看任何一個小習慣，事無巨細都應竭盡全力，認真對待。如果一個人能夠做到這一點，他的一生一定可以過得充實、愉快、無憂無慮。

不能貪婪成性，適可而止才有人喜歡

日常生活中我們每天都要面對得與失，每天都要思考什麼事該做，什麼事不該做，什麼利益必須爭取，什麼利益不該爭取。人生總是在得失之間走過的，金錢、權力、地位和愛情這些我們得到後身心愉快，可是失去後又愁眉不展。

我們應該明白「不以得喜，不以失悲」，坦然地面對得失才是處世的最高境界。事物的得失都存在一定的因果，有付出才會有回報，如果有時盡力了卻沒有得到想要的結果，也許你會深感上天的不公，但反過來想想，更應該坦然面對，因為盡力去做的自己已經無怨無悔，得不到不是因為沒有珍惜和努力，而是因為這個人事物本不屬於你，所以在人生中我們有時更要學會放棄，學會忘記。

在得失之間我們往往會選擇前者，總希望得到而不想失去，而在現實生活中我們卻總有面對失去一些美好事物的時候，因此在必要時我們還要學會放棄，正所謂塞翁失馬，焉知非福。雖然選擇放棄很難，但有時候放棄並不只是簡單地意味著失去，反倒是更多的收穫。

有這樣一個故事，從前有一隻小猴子，下山尋找食物，牠看見山下有一棵桃樹，於是就高興地爬上去摘桃。然而當牠摘完，繼續往前走時，結果走著走著，看到前面有一片玉米田，於是小猴子就丟掉了桃子去摘玉米。

摘完玉米之後，小猴子抱著玉米繼續走，走著走著又看到前面有一塊西瓜田，小猴子高興之餘又把玉米丟了，跑進西瓜田裡面去摘西瓜。摘完西瓜之後，小猴子抱著西瓜高興地往前走，結果發現了一隻兔子，於是小猴子急忙把西瓜放下去追兔子。卻沒想到兔子鑽進草叢不見了，就這樣，小猴子最後空手而歸，非常沮喪地回家了。

其實，故事當中的小猴子就是因為一味貪心地去追尋，不懂得珍惜自己所擁有的東西，到頭來一無所獲。我們的人生也是如此，如果我們不懂得珍惜所擁有的事物，而是一味貪婪地追尋，那麼最終我們不但會被心中無止境的欲望所壓倒，甚至還會將本來所擁有的也弄丟了。所以，我們要有一種知足的心理。

生活中我們往往會抓住一些無用的東西不肯鬆手，結果因背負的東西太多讓自己身心俱疲。比如，你可能有過對曾經與你分手的戀人念念不忘，你可能因一時買彩票或是賭博贏了錢而不肯收手，你可能在某些時候因捨不得捨棄，結果損失更加慘重。有時堅持未必就是勝利，放棄才是灑脫。每個人都有自己美麗的夢想，但遺憾的是，能實現夢想的人畢竟是少數，而那些沒有實現夢想的人往往是因為一開始就做了一件自己根本就無法做到的事情。

如今很多人都喜歡追求名利，從而就深深陷入了名與利的泥潭裡面不能自拔，做事情也是身不由己，為了名與利只知道一味地向前，根本不懂得什麼叫適可而止，所以最後也不可能獲得大的成功，甚至會遭遇失敗的惡果。如果不想成為這樣的人，想獲得比別人更多的成功，那麼你做事的時候一定要懂得適可而止。

昂首向前看，過去的輝煌不可戀

輝煌，是一個很有吸引力的詞，人生在世，誰能創造出輝煌，誰就會成為大家都尊重和敬仰的人。可是一味迷戀於過去的輝煌，就會一直生活在過去，而不會繼續前進。當然，迷戀曾經的輝煌可以理解，畢竟那代表著值得稱讚的過去，代表著一段美好。可是，這種迷戀和沉醉卻能蒙蔽你的雙眼，讓你看不清眼前的方向，到最後不僅不能再創輝煌，更有可能葬送掉過去的輝煌。

世上沒有永恆的道理，沒有永遠的第一。過去輝煌並不能代表永遠輝煌。如果一個人不前進，那就只能原地踏步，甚至還會倒退。就好比龜兔賽跑，當兔子遙遙領先時，牠卻因此得意忘形，故意放慢步伐，最後烏龜趁著兔子偷懶時就贏過了兔子。所以，只有不斷地超越，才能不被淘汰，只有忘掉曾經的輝煌，才能重新創造奇蹟。

韓國大宇集團曾是赫赫有名的企業。當初，大宇集團的總裁金宇中以僅有的四千美元起家，在接下來的短短十年中，公司的總資產已超過了七百億美元，創造了商界的奇蹟。

可是誰都沒有想到，後來大宇集團旗下的各個分公司都先後倒閉，集團本身也因資產不夠抵債而宣布破產。這麼龐大的集團，怎麼突然倒閉了？原來，金宇中在成功後，迷戀於自己取得的輝煌成績，開始沾沾自喜、獨斷專行。在開發分公司的時候，他考慮不周，不顧全公司的大局，消耗大量的人力、物力與財力，進行瘋狂的擴張。就這樣，大宇集團旗下的分公司一度達到了六百多個。由於分公司過多，使整體企業陷入資金周轉困難等一系列問題，以至於到最後發展到無法收拾的地步，最終宣告破產。

在如今激烈競爭的商業經濟社會大戰中，類似於大宇集團這樣的事例是舉不勝舉，如巨人、南德、三株等國內知名企業，有哪個不曾風靡一時，他們集團的領導人的功績一度被譽為「商界神話」。可是，個個都好景不長，最終銷聲匿跡。他們有一個共同的特點，那就是都迷戀於過去的輝煌，以至於看不清現在的形勢，結果導致走向失敗。

一位商界名人曾經說過：「當別人把你當成英雄的時候，千萬別把自己當成英雄。」最輝煌的時候也就是最危險的時候，倘若被眼前的利益衝昏頭腦，認為自己的能力不錯，沒有什麼事情不能成功，那麼事實就會告訴你，你的想法是錯誤的。因此，要想在商戰中做一個長久不敗的將軍，就不能在成功時沾沾自喜，一味沉迷。

喬丹是全世界人都耳熟能詳的籃球運動員，曾經獲得了無數個輝煌的成績。他是如何從一個名不見經傳的普通球員，成為國際明星的呢？

當年，喬丹還沒出名的時候，有一次所在的隊取得了一場比賽的勝利，他和同伴們一樣也沾沾自喜地暢說著自己內心的喜悅，而一旁的教練卻顯得相當平靜。他用十分嚴肅的口氣對喬丹說：「你是一個優秀的隊員，可是在今天的比賽場上，我不得不說你發揮得極差，完全沒有突破自己，你離我想像中的喬丹還差很遠。你要想在美國籃球隊一鳴驚人，必須時刻記住——要學會自我淘汰，淘汰掉昨天的你，淘汰自我滿足的你，否則你就不會有尋求完善的心……」

教練的話給他敲響了警鐘，他深深地銘記於心，時刻都用這些話來激勵自己。經過艱苦不懈地努力，喬丹的球技得到了很大提高，終於，喬丹順利進入芝加哥公牛隊。後來，他又成為全美國乃至全世界家喻戶曉的「飛人」。

喬丹曾多次說過，自己取得的成績，離不開教練當初的那一席話，是教練讓他明白必須忘記過去的輝煌，才能更加集中精力應對眼前的事情。即便是在他已經成為籃球巨星的時候，依然不忘用當初的那些話來提醒自己。

喬丹的成功，是不斷地進行自我淘汰，不斷地完善自我的結果。失敗並不是成功的最大敵人，而驕傲自滿才是。自滿的人必然會窮途末路，這是因為當別人還在繼續努力向前跑的時候，他卻以為已經到達終點了，完全不知道自己已經被拋在後面了。所以，我們要做的就是把自滿淘汰，把沉浸在昔日輝煌成就中的心淘汰，不斷地給自己充電，使自己能夠有足夠的資本可以繼續造就輝煌。

「每天淘汰自己，不斷地自我更新，自我挑戰」，比爾蓋茲就是秉持這樣的信念取得了巨大的成就。他沒有因為成了世界首富就迷戀其中。他始終認為，與其讓競爭對手開發新的作業系統挑戰或者取代微軟，不如先進行自我淘汰，這樣的話不但能夠領先市場，而且能主導市場，走在其他人的前面。所以，對我們來說，曾經的輝煌已經過去，今後的路還很長，要想在接下來的日子裡走向成功，那就不要迷戀過去，而要把握當前，放眼未來。

堅持終身學習，始終走在時代前列

在資訊時代，我們每個人都要確立終身學習的習慣和決心。只有終身學習，不斷接受新知識，才能適應社會的發展，不斷走向成功。

人類在發展初期，由於征服自然的能力十分低下，難以逾越地理上的險阻，因此不僅文化交流的範圍很小，而且交流的速度也十分緩慢。幾乎每一樣新的發明，都只能在很小的圈子裡傳播，甚至有時還常常得而復失，正如馬克思所說的那樣：「每一種發明在每一個地方都必須重新開始。」所以，在人類漫長的三百萬年的歷史過程中，竟有百分之九十九的時間是在原始社會度過的。那時，人類在各自的領地生活，活動的地域不廣，文化交流發展之慢，是可想而知的。「從舊石器時代的遺址中，我們可以發現，那些有了良好環境的人類是不願意遷徙輾轉的，而願意定居一地。在過去的一百萬年中，只有當天氣變化無常、食物短缺、好戰者的侵襲，人類才不得不離開他們的居住地。」

隨著歷史的發展，這種情況逐漸有所改觀。有人曾推算，古代兩河流域的文化，是以每年一公里的速度向歐洲推進的。到了鐵器時代，人類征服海洋的能力大大增強，東西方在「絲綢之路」之後，又出現了「海上絲綢之路」。此外更有漢代的樓船遠航印度洋、明代的鄭和七次下西洋、哥倫布發現了美洲新大陸、麥哲倫的船隊環球航行等壯舉。人類文化交流的速度大為加快。到了蒸汽時代，人類從海上和陸地將地球完全打通，世界迅速地縮小，人類的文化開始在全世界的範圍內得到了空前規模的交流。文化發展到今日，其速度已經到了一日千里的程度。如今的科技時代，是人類發展歷史上的一次革命，它把人類的文明帶進了一個嶄新的境界。「隨著高科技和現代交通運輸的高度發展，再加上空前的人員、物質的大流動，使得世界各民族精神財富的生產、傳播、交流、影響的形式、速度、品質、數量都發生了革命性的變化。」

「而在當代，電話、電視、電腦網路、衛星通信能在極短的時間內把某種資訊迅速地傳遍全球。正是這種革命性的變化，使得文化開放成為不以人的意志為轉移的大趨勢。」隨著文化，特別是科學技術日新月異的發展，知識更新的週期越來越短，據統計，在十八世紀，知識更新的週期為八十至九十年；在十九世紀至二十世紀初，知識更新的週期就迅速地縮短為三十年；到了近五十年，更新的週期又縮短為十五年；如今在某些領域，知識更新的週期已經縮短為五至十年了。面對資訊網路全球化這種咄咄逼人、飛速發展的形勢，任何一個國家和民族都必須加強緊迫感與危機感，因時順勢，大力開展文化交流，及時引進先進的文化，緊緊跟上人類文化進步的步伐。

我們花費金錢去裝飾我們的外貌，但有多少人會注意到要花同樣的代價去修飾我們的頭腦？我們應該定期地以讀書學習來滿足精神的饑渴，不斷地為自己充電加油，如果這樣，我們成功的機會就越大。好比一個人在飢餓的時候，自然而然地需要依靠進食來解決這個問題。我們每天填飽自己的肚子，我們又該怎樣充實我們的心靈？大部分人都是在意外或偶然的情況下才會充實它。

在許多場合，我們會遇到一些沮喪、消極、失敗、憂鬱、破產以及不快樂的人，這些人屬於消極階層，卻又都不願意再充實他們的心靈。他們都迫切需要知識、資訊與靈感，但是，他們卻一直拒絕參加研討會或是閱讀好書、聽錄音。我們傾聽這些人的談話真是有趣，也許我們該用「悲劇」這個詞來形容。當我們提到成功的人，並談到他們如何樂觀與積極時，消極失敗的人會說：「他們的積極與樂觀一點也不值得奇怪，因為他們一年賺五萬美元。如果我一年能賺五萬美元，我也會積極的。」消極失敗的人認為成功的人每年賺五萬美元，所以他們會很積極。這顯然是因果倒置。成功的人之所以能夠每年賺五萬美元，是因為他們有正確的心理態度。可惜的是，空虛的頭腦和空虛的肚子不一樣，要是空虛的頭腦也要填滿一些東西才能讓人滿足的話，那該有多好。

在每一個行業，不論是法律、醫藥、銷售、數學、科學與藝術，那些達到高峰或快要達到高峰的一流人物，都是定期參加研討會。他們閱讀好書，定期聽錄音，並積極尋求資料、資訊與靈感，結果，他們一直都在成長中。

為什麼成功的人是積極的呢？反過來說，為什麼積極的人是成功的呢？他們之所以積極，是因為他們定期地以「良好、有力、積極的精神思想」來充實自己的心靈。就像食物是身體的營養一樣，他們也不忘每天補充精神食糧。

所以，任何人在今天都不敢說：「我的知識已經夠用了。」在日新月異的科技資訊時代，我們每個人都要確立終身學習的習慣和決心。只有終身學習，不斷接受新知識，才能適應社會的發展，不斷走向成功。

養成重視願望的習慣，才能有夢想成真之時

人生就像一條船，有了方向才能一直前行，而人的願望就像是指引人生之船前進的導航標，它時刻提醒我們要向著自己的既定目標前進。有了願望，我們的思考和行動就有了可行性，我們就會集中精力向著自己所追求的東西打拚。願望既可以讓我們信心百倍地前進，也可以啟動我們的潛力和思維，促使我們做出有效的行事方案，一步一個腳印走下去。

七彩人生，七彩生活。喜、怒、哀、樂總會裝點我們的生活。人生道路上，無論哪次成功和進步，都是循序漸進的。結果是誘人的，過程是殘酷的。不管怎麼樣，一定要堅持自己的願望，一時的失敗和挫折不要緊，我們可以適時地調整自己的方法，不要因為困難而讓自己的願望半途而廢。成功人士，之所以有喜人的成績，就是因為他們能高度重視自己的願望，堅持自己的願望。

燈泡的發明，就是因為愛迪生樹立了這個願望，並且付出百倍的努力去實現它。當初，愛迪生看見自己的朋友為發電機連接了一盞燈，隨著發電機的運轉，燈就開始閃閃發亮。看見這個情景，愛迪生突然產生了一個願望，要是他發明了燈

泡，讓每一戶人家裝上，這不是很好嗎？於是，在願望產生的動力下，愛迪生開始了一系列的實驗。當時，愛迪生要發明燈泡的願望在電學專家的眼裡根本就是癡心妄想。愛迪生想把電流進行分路，然後再引到屋裡，接上燈泡。這是他的總體計畫。可是，這種思路是前所未有的，沒有任何經驗可以借鑒。即使在這種被「孤立」的情況下，愛迪生依然堅持自己的選擇，他的願望已根植於內心深處，他不相信自己的願望實現不了。就這樣，摸著石頭過河，從哪裡跌倒，從哪裡爬起。經歷了成千上萬次的失敗後，終於，燈泡成功發明，電流分路的問題也解決了，萬家燈火的願望也由當初的被人嘲笑而變為眼前的現實。

如果說，當初愛迪生並沒有重視自己的願望，不為自己的願望付出，那他也就不可能發明出白熾燈，也就不可能在其一生中發明出一千多種東西。

讓我們看看生活中的人吧。那些沒有明確願望的人，他們的人生，除了盲目瞎撞，就是碌碌無為。結果，在同齡人中，這些人往往「扯後腿」。他們的魅力青春，他們的大好年華就這樣在不知不覺中流逝。而那些沒有長遠願望的人，他們對自己的人生方向都不清楚，還怎麼可能找到走向成功的路呢？這些人只能說是社會的悲劇，他們最終會被社會所拋棄。

重視自己的願望，我們就會發現前行的路豁然明朗。生活中，雖然有的人工作很努力，終日勤奮，但在事業上的成就卻微乎其微。究其原因，是因為他不能掌控自己的人生方向，願望在腦海中還沒有形成，他永遠只是做一些無關緊要的事。於是，這些人就像失去方向的船，只能在茫茫大海中接受驚濤駭浪接二連三的拍打。浪費了時間和精力，卻沒有任何成果。這樣的狀態下，他們的生活只能聽天由命，沒有任何幸福可言。

而目標明確的人，從樹立願望的那一刻起，就向成功邁出了第一步。因為他們的思路清晰，第一步做什麼、第二步做什麼都有了規劃，所以他們就會順著自己的路走下去。

我們想擁有一份好工作。這是我們的願望，想要實現它，我們就要先在自己的腦海中對這份工作做一個思考：是哪些方面吸引了我們，自己還需要提高哪些方面，打算多長的時間來實現這個願望。有了這一系列的思考，我們的行動不但有了動力，還會很有計畫和節奏。我們想讓自己的家庭更幸福，就先要想想自己所希望的幸福究竟是什麼樣的程度，自己目前的實際和希望有多遠的距離，需要透過什麼樣的努力能做到等這些問題。

朋友，請我們重視自己的願望。星星之火足以燎原，即使一個小小的願望，也能促使我們走向成功。沒有願望的人，沒有生活目標，伴隨他們的只有盲目徘徊和停滯不前，勝利的彼岸對他們來說永遠只能觀望。

辦事要找對方法，方法比勤奮更重要

讀書的時候，許多人把「書山有路勤為徑，學海無涯苦作舟」當作座右銘，懸梁刺股，勤學苦讀。但勤奮和刻苦並非是取得學業成功的唯一因素。我們常常可以看到這樣的現象，有些人讀書非常勤奮，他們除了白天的課業外，晚上還要熬到深夜，甚至下課十分鐘也要用於念書，但成績普通；同時還會發現，有一些同學讀書很輕鬆，除了上課和自習課外，經常參加活動，在課業上比「一天到晚用功讀書」的勤奮學生投入的時間少，成績卻很好。這兩類學生在讀書上一個事倍功半，一個事半功倍，這樣的反差是什麼原因造成的呢？或許有智力上的因素，但是學習方法的不同同樣嚴重影響讀書的效果。

工作之後，這樣的情況更加突出：有的人工作很認真，每天都忙個不停，但是效率很低，還常常加班加點來完成工作，工作績效平平；有的人平時很少加班，能用較少的時間來完成工作，績效相當好。對於前者，或許最初上司會因為你的刻苦努力而欣賞你，但是長期下來，由於工作獲得的結果始終不佳，你的努力幾乎都是白費。這是一個比起重視過程，更重視結果的年代，所以，方法比勤奮更重要。這是經過很多人證明的真理。

或許你現在微小得像一隻「螞蟻」，但只要善於尋找方法，就能不斷強大，終有一天會變成老虎也懼怕的「大象」。

我們不難發現，成功的人往往就是那些主動尋找方法，依靠方法順利解決問題的人。同樣的問題擺在眾人的面前，主動尋找方法、積極解決問題，這就是成功人士與失敗者之間的區別。

德國著名作家萊辛曾經說過這樣一句格言：「如果上帝一手拿著真理，一手拿著獲取真理的能力，讓我選擇其一的話，那麼我寧願要獲取真理的能力而不要真理。」的確，給自己一個結果，但不知道結果從何而來，這會在之後的道路上埋下隱患。對於個人來說，對於解決問題來說，多數情況下，方法要比勤奮更重要。

我們每天都必須解決許多問題，這些問題的結果將影響一個人之後的道路，決定他的成敗，而解決問題的關鍵恰恰在於方法。一個好的方法往往能使人在山窮水盡的時候，又見柳暗花明。一個正確的方法，發展的速度來得比想像的更快。

當然，我們不能否認努力、毅力等對於解決問題和成功的重要性，但是在許多時候，一個好的方法能讓你事半功倍，在付出同等努力的情況下獲得突出的成績。

愛因斯坦曾經提出過一個公式：W＝X+Y+Z。這裡，W代表成功，X代表勤奮，Z代表不浪費時間，少說廢話，Y代表方法。從這個公式我們可以知道，正確的方法是成功的三要素之一，如果只有刻苦努力的精神和腳踏實地的作風，而沒有正確的方法，是不能取得成功的。成功需要的不僅僅是勤奮，也不單純與花費的時間、精力成正比，同樣需要方法。只有正確的方法才能提高解決問題的效率，才能保證成功！

在現代社會中，我們離不開工具的幫助，汽車、電腦、互聯網……這些幾乎成為我們生活的一部分。正確的方法就如我們使用了正確的工具。無論我們面對怎樣的問題、困境，需要的都不僅是努力，還需要有正確的方法。方法正確，事半功倍；方法不正確，事倍功半。

在我們的生活中，每天都會遇到許多問題。我們運用各種方法，或是參考經驗，或是創新，不斷地解決這些問題。我們運用的方法不同，最後的結果也不同。

方法是一種智慧和價值的展現，它幫助人們更高效地解決問題，幫助我們獲得成功。許多時候，僅僅一個問題、一個方法，就決定了我們的成敗與得失。

突顯自己的附加價值，讓你更有價值

有人說，人生的價值在於對社會的貢獻。如果把社會比作大海的話，那麼個人就是海裡的一滴水。正是因為一滴滴的水匯合在一起，才形成了大海，也正是因為有一滴滴的水，才有了大海的波瀾壯闊。還有人說，人生的價值在於傳承。傳承的既包括物質方面，也包括精神方面。我們把前人的經驗繼承下來，再注入我們自己的東西，就這樣，使它的附加價值得到進一步提升，然後將它發揚光大。

那麼，究竟什麼是「人生附加價值」呢？

「人生附加價值」可分為有形附加和無形附加兩個部分。有形附加是指具有實物形態的物體，比如說金錢、房子、家電等資產，這些都屬於物質財富；無形的則就比較複雜，而且不具有實物形態，比如說智慧財產權、版權、專業技能、社會地位、社會關係等，這些屬於精神財富。我們可以將它們分別理解為「物質附加價值」和「精神附加值價值」。從古至今，許多偉大的發明家、思想家、文學家，把他們的思想結晶留給了社會，留給了後人，給我們創造了很多物質附加值和精神附加值。對我們來說，不論是物質附加值還是精神附加值，都要把它用得恰到好處。一定要讓它發揮作用，要讓它對你的人生有幫助。

一位建築設計專業的應屆大學畢業生，滿懷信心地去應聘一家房地產公司的設計職位，見到人力資源部經理時，他遞上了自己的簡歷和求職信。經理看後，說：「你的專業成績不錯，但還不是非常優秀。投履歷的人很多，但我們只有一份工作。我想了解一下你還有其他什麼特長嗎？」人資部的經理認真問道，而求職的畢業生則回答：「我的文筆很好，曾在多次徵文比賽中獲獎。」

「對不起，我們是建築設計，文筆好壞和工作沒有任何關係，我們也不需要這方面的人才。」原以為可以為自己成功競爭到這個職務增加籌碼，可事實上得到的竟是經理那樣的回答。就這樣，這位畢業生最終出局。所以一個人的價值不是說他善於表現就會被別人看中，而是在雙方相互需要的基礎上。雙方有了相互需要這個基礎，才可能被成功錄用。

公司錄用人才，看中的是實際技能，派上場，就要顯出能力，拿出成績。這就是人才的實用性。在所有人「實用性」相當的前提下，要是附加較突出，那就比別人多了一份競爭的力量。

在現代社會中，「附加價值」是不可忽視的，它往往能產生舉足輕重的作用。我們生活在這個世界上，不但要提高自身的專業技能，同時最好還要向專業以外的方向發展，雖然不可能做到全能型，但至少可以多懂得一些東西。這樣的話，在競爭中你的優勢就會突顯出來。

偉大的物理學家愛因斯坦曾經說過：「一個人的價值，應當看他貢獻什麼，而不應當看他取得什麼。」德國中世紀著名詩人歌德在《格言詩》中提到：「如果你喜愛自己的價值，就應該為這個世界創造價值。」這裡所說的貢獻和創造並不是一個簡單的行為，而是指人們在追求自己的人生價值時不斷努力，不斷上進的過程。人的附加價值是人生價值必不可少的組成部分。當然，並不是說人生的價值就是人的附加價值，附加價值不是人生價值的全部，也不會獨立開來發揮作用。但是有了它，人生價值就會更吸引人眼球，更光彩奪目。

提高自己的附加價值，需要平日的長期累積，需要在生活中不斷的學習和鍛鍊。多才多藝是優勢，但最核心的問題是你的這個附加值要加得適當。要能和自己的專業形成優勢互補，能相互協調，對自己所從事的工作能發揮出作用。只要這個附加價值在你的工作中能有很大的用處，那麼在以後的某一關鍵時刻，就可能為自己的成功贏得寶貴的一票。

電子書購買

國家圖書館出版品預行編目資料

你的美好 , 不該由世界來定義 : 別再處處遷就別人 , 為自己的人生路著想 / 憶雲 , 張超著 . -- 第一版 . -- 臺北市 : 崧燁文化事業有限公司 , 2022.04
面 ; 公分
POD 版
ISBN 978-626-332-291-2(平裝)
1.CST: 人生哲學 2.CST: 自我實現
191.9 111004273

你的美好，不該由世界來定義：別再處處遷就別人，為自己的人生路著想

臉書

作　　者：憶雲，張超
發 行 人：黃振庭
出 版 者：崧燁文化事業有限公司
發 行 者：崧燁文化事業有限公司
E-mail：sonbookservice@gmail.com
粉 絲 頁：https：//www.facebook.com/sonbookss/
網　　址：https：//sonbook.net/
地　　址：台北市中正區重慶南路一段六十一號八樓 815 室
Rm. 815, 8F., No.61, Sec. 1, Chongqing S. Rd., Zhongzheng Dist., Taipei City 100, Taiwan
電　　話：(02) 2370-3310　　**傳　　真**：(02) 2388-1990
印　　刷：京峯彩色印刷有限公司（京峰數位）
律師顧問：廣華律師事務所 張珮琦律師

定　　價：375 元
發行日期：2022 年 04 月第一版
◎本書以 POD 印製